MISANTHROPIE

ET

REPENTIR,

DRAME EN CINQ ACTES, EN PROSE,

DU THÉATRE ALLEMAND DE KOTZE-BUE,

REFAITE POUR LA SCÈNE FRANÇAISE, PAR MADAME JULIE MOLÉ, COMTESSE DE VALLIVON,

Auteur de *l'Orgueil puni*; de la *suite de Misanthropie et Repentir*, pièce en cinq actes, reçue à la Comédie Française, du *Sultan de vingt-quatre heures*, comédie en trois actes, et de plusieurs autres ouvrages.

Ah ! que la vertu outragée se venge cruellement!
ACT. III, Sc. VIII.

Nouvelle Édition.

PRIX : 1 FR. 50 CENT.

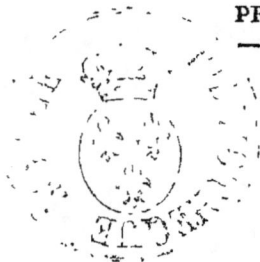

A PARIS,

CHEZ BARBA, Libraire, au Palais-Royal, derrière le Théâtre Français, n°. 51.

1819.

IMPRIMERIE DE FAIN, PLACE DE L'ODÉON.

NOTA. Pour éviter toutes difficultés à naître dans les départemens sur la distribution des rôles, l'auteur prévient qu'*Eulalie* appartient à celle qui joue *Eugénie*, *Clémentine*, etc. La *Comtesse* est premier rôle marqué ; *Frantz*, premier comique ; *Peters*, second comique, dans le cas où celui qui remplit cet emploi est très-jeune ; sinon il doit être joué par une femme, comme rôle travesti.

JULIE MOLÉ, COMTESSE DE VALLIVON.

PERSONNAGES.

UN INCONNU.

LE COMTE DE WALBERG, général retiré du service.

DE HORST, Major dans un régiment allemand au service de France, et frère de la Comtesse.

BITTERMANN, intendant du Comte.

TOBIE, vieux paysan.

FRANTZ, domestique de l'Inconnu, homme d'un âge mûr.

EUGÈNE, enfant de quatre ou cinq ans.

LA COMTESSE DE WALBERG.

EULALIE, sous le nom de madame Miller.

PETERS, fils de Bittermann.

UN PETIT GARÇON d'environ quatre ou cinq ans.

UNE PETITE FILLE d'environ trois ou quatre ans.

UNE FEMME DE CHAMBRE. ⎫
PLUSIEURS DOMESTIQUES. ⎬ Personnages muets.
UN POSTILLON. ⎭

La scène est pendant le premier, le troisième, le quatrième et le cinquième actes, dans le site champêtre expliqué au commencement de la pièce, et le second acte est dans un salon du château.

MISANTHROPIE

ET

REPENTIR,

DRAME.

~~~~~~

ACTE PREMIER.

Le théâtre représente un site champêtre. Le château paraît sur une partie élevée, et dans le lointain, à la droite des acteurs. Dans le fond, à gauche, on aperçoit, à mi-coteau, une misérable cabane entre quelques arbres qui la couvrent. Du même côté, au bas de la colline, est un commencement d'allée d'arbres qui mène à la demeure de l'Inconnu. Sur la droite, vers la troisième coulisse, est une espèce de pavillon, dont on ne voit qu'une partie, mais dans lequel on peut entrer.

SCÈNE I.

PETERS venant du château, en courant après un papillon, qu'à la fin il attrape.

Ah! je le tiens! Oh! qu'il est joli! (*Il le pique à une aiguille, et l'attache à son chapeau.*) Sapprelotte! Je ne suis pourtant pas maladroit, quoique mon père me dise toujours : Oh! le nigaud!... Mais Peters n'est pas si sot; voilà qu'il a mis sur son chapeau de quoi faire courir après lui toutes les jeunes filles du village. Mon père veut être toujours si raisonnable! il veut toujours savoir tout mieux qu'un autre. Selon lui, tantôt je parle trop, tantôt je parle trop peu, et si quelquefois je parle seul, il dit que je suis fou. J'aime pourtant bien à me parler seul, car je m'entends à merveille, et je ne me moque pas de moi, comme les autres ont coutume de faire. Fi! se moquer comme ça des gens, c'est une bien mauvaise habitude; passe encore quand c'est madame Miller qui me raille; elle est si bonne, si douce, si gracieuse! Elle me gronderait que j'aurais encore du plaisir à l'entendre, comme j'en ai toujours à la voir. Oh! c'est bien vrai ça. (*Il s'en va en sautant, et revient sur ses pas.*) Ah!

tatigué ! j'allais presqu'oublier pourquoi je suis venu : c'est
pour le coup qu'on aurait pu rire à mes dépens. (*Il tire une
bourse.*) Voilà de l'argent que je porte au vieux Tobie ; et
madame Miller m'a bien recommandé de n'en rien dire à
personne. Oh ! elle peut être tranquille, il ne sortira pas un
mot de ma bouche. C'est une jolie personne que madame
Miller ! Oh ! oui, bien jolie ; mais c'est une sotte : oh ! tout-
à-fait une sotte ; car voici ce que mon père nous dit tous les
jours (*prenant un ton capable, qui est celui de son père*) :
» Celui qui dépense son argent n'est pas sage ; mais celui qui
» le donne, il faut sans délai l'enfermer aux petites-mai-
» sons. »

SCÈNE II.

PETERS, L'INCONNU, FRANTZ.

(L'Inconnu s'avance, les bras croisés, la tête baissée ; il aperçoit Peters ; il s'arrête,
et le regarde d'un œil de défiance Peters demeure un moment devant l'Inconnu,
la bouche béante, ôte enfin son chapeau, lui fait une révérence niaise, et va dans
la cabane.)

L'INCONNU.

Qu'est-ce que c'est que ce jeune homme ?

FRANTZ.

C'est le fils de l'intendant.

L'INCONNU.

Du château ?

FRANTZ.

Oui.

L'INCONNU après un silence.

Tu me parlais hier au soir....

FRANTZ.

Du vieux paysan.

L'INCONNU.

Fort bien.

FRANTZ.

Vous ne répondîtes rien.

L'INCONNU.

Parle-moi encore de lui.

FRANTZ.

Il est pauvre.

L'INCONNU.

D'où le sais-tu ?

FRANTZ.

Il le dit.

L'INCONNU avec amertume.

Oh ! il le dit. — Ils savent se plaindre !...

FRANTZ.

Et tromper.

L'INCONNU.

Tu l'as dit.

FRANTZ.

Mais celui-ci , non.

L'INCONNU.

Pourquoi non ?

FRANTZ.

Cela se sent mieux qu'on ne le dit.

L'INCONNU.

Sot que tu es !

FRANTZ.

Un sot sensible vaut mieux qu'un sage indifférent.

L'INCONNU.

Cela n'est pas vrai.

FRANTZ.

Les bienfaits produisent la reconnaissance.

L'INCONNU.

Cela n'est pas vrai.

FRANTZ.

Ils rendent plus heureux encore celui qui donne que celui qui reçoit.

L'INCONNU.

Cela est vrai.

FRANTZ.

Vous êtes bienfaisant.

L'INCONNU.

Moi ?

FRANTZ.

J'en ai été cent fois témoin.

L'INCONNU.

Un homme bienfaisant est un fou.

FRANTZ.

Oh ! pour cela , non.

L'INCONNU.

Les hommes ne méritent rien.

FRANTZ.

Non ,.... pour la plupart.

L'INCONNU.

Ils sont hypocrites.

FRANTZ.

Trompeurs,

L'INCONNU.

Ils pleurent devant vous.

FRANTZ.

Et rient derrière.

L'INCONNU du ton le plus amer.

Voilà les hommes !

FRANTZ.

Il y a des exceptions.

L'INCONNU.

Où ?

FRANTZ.

Le paysan.

L'INCONNU.

Il s'est plaint à toi de son malheur ?

FRANTZ.

Oui.

L'INCONNU.

Un vrai malheureux ne se plaint jamais. (*Après un si-lence.*) Mais dis-moi tout.

FRANTZ.

Il est privé de son fils unique.

L'INCONNU.

Comment ?

FRANTZ.

Le jeune homme s'est enrôlé pour procurer à son père, accablé de misère, un léger soulagement.

(L'INCONNU jette en silence un regard sur Frantz qui continue.)

Le vieillard n'a reçu que malgré lui le prix de la liberté de son fils, et ce faible secours épuisé, il manque de tout ; il est malade, abandonné...

L'INCONNU.

Je n'y puis rien.

FRANTZ.

Vous pouvez beaucoup.

L'INCONNU.

Et comment ?

FRANTZ.

Avec quelque argent, il rachèterait son fils.

L'INCONNU.

Je veux moi-même voir le vieillard.

FRANTZ.

Vous ferez bien.

L'INCONNU.

Mais s'il ment?...

FRANTZ.

Il ne ment pas.

L'INCONNU.

Il ne ment pas!... Oh ! les hommes !... les hommes ! Ici ? dans cette cabane ?

FRANTZ.

Oui , dans cette cabane. (*L'Inconnu y entre.*)

SCÈNE III.

FRANTZ seul.

C'est le meilleur des humains ; mais avec lui on désapprend à parler. Je ne puis le concevoir. Se présente-t-il à ses yeux un visage inconnu? son accueil est brusque, dur , et cependant aucun malheureux ne s'est éloigné de lui sans en avoir obtenu quelques secours. Je suis depuis trois ans à son service, et je ne sais encore qui il est. C'est un misanthrope, rien n'est plus sûr ; mais c'est sans doute l'effet du malheur : cette haine des hommes est dans sa tête , et non pas dans son cœur.

SCÈNE IV.

FRANTZ , L'INCONNU sortant de la cabane , suivi de PETERS.

L'INCONNU se retournant vers PETERS.

Eh bien ! que me veux-tu ?

PETERS.

Rien , monsieur ; c'est moi qui...

L'INCONNU.

Le sot !

FRANTZ à l'INCONNU.

Sitôt de retour ?

L'INCONNU.

Qu'ai-je à faire là ?

FRANTZ.

N'avez-vous pas trouvé que je vous ai dit vrai ?

L'INCONNU.

J'ai trouvé... ce petit drole-là.

FRANTZ.

Qu'a-t-il de commun avec votre bienfaisance ?,

L'INCONNU.

Il est d'intelligence avec le vieillard.... Comme ils se moqueraient de moi, s'ils avaient réussi à me rendre leur dupe!

FRANTZ.

Comment! vous croiriez....

L'INCONNU.

Ce jeune homme et le vieillard, que faisaient-ils ensemble ?

FRANTZ souriant de la méfiance de son maître.

Nous pouvons le savoir. (à *Peters*) L'ami, qu'aviez-vous à faire dans cette cabane ?

PETERS.

Ce que j'avais à y faire? rien.

FRANTZ.

Ce n'est pourtant pas pour rien que vous y êtes allé ?

PETERS.

Et pourquoi donc? Par ma foi, j'y suis allé pour rien. Fi donc, faut-il se faire payer pour tout ce que l'on fait? Quand madame Miller me fait une mine d'amitié, je cours gratuitement pour la servir; et pour l'obliger, je me jetterais dans les fossés du château.

FRANTZ.

Ainsi, c'est madame Miller qui vous a envoyé?

PETERS.

Ah! oui... vous y êtes! Bah! on ne me fait point jaser là-dessus.

FRANTZ.

Comment donc?

PETERS imitant la voix de madame MILLER.

Va, va, mon petit Peters; mais prends bien garde qu'on ne sache rien.... (*Prenant un ton plus mignard.*) Va, mon petit Peters, va; oh! cette voix si douce me va droit au cœur : aussi elle peut compter sur moi.

FRANTZ.

Ah! c'est différent ; il convient alors que vous soyez discret.

PETERS.

Oh! je le suis aussi. J'ai bien dit au vieux Tobie qu'il ne

devait pas penser que ce fût madame Miller qui lui envoyait de l'argent, et, de ma vie, je n'en parlerai à personne.

FRANTZ.

Ce sera très-bien fait. Et lui avez-vous porté beaucoup d'argent ?

PETERS.

Oh ! je ne l'ai pas compté ; il était dans une petite bourse. Je crois que c'est le fruit de ses petites épargnes depuis quinze jours.

FRANTZ.

Pourquoi précisément depuis quinze jours?

PETERS.

Parce qu'il y a précisément quinze jours que je lui ai porté de l'argent, et encore l'autre semaine avant ; je ne peux pas dire le temps exactement ; mais c'était un jour de fête, et j'avais mon habit neuf.

FRANTZ.

Et tout cet argent venait de madame Miller ?

PETERS.

Vraiment oui : et de qui donc ? Mon père n'est pas si fou : il dit comme ça qu'il faut ménager ce qu'on a, et que, dans l'été surtout, on ne doit point faire l'aumône ; car, dans cette saison, la providence fait assez croître de racines et de plantes pour la nourriture des hommes.

FRANTZ.

Il est bien aimable, le cher papa !

PETERS.

Mais madame Miller se moque de cela ; elle donne tout ce qu'elle peut donner. Elle fait encore bien plus.

FRANTZ.

Et quoi donc ?

PETERS.

Et lorsque les enfans de la vieille Lise furent malades, madame Miller voulait m'envoyer là-bas, dans le village, c'est-à-dire, chez la vieille Lise ; mais mon père refusa tout net de m'y laisser aller, car alors il faisait du verglas ; et moi je n'en avais guère envie, car on disait que les enfans étaient désagréables à voir !

FRANTZ.

Eh bien ! que fit madame Miller ?

PETERS.

Ce qu'elle fit? Oh! par ma foi, elle y alla elle-même;
(*riant*) et là elle se mit à soigner ces vilains enfans, à jaser
avec eux, tout comme si c'était les siens.

FRANTZ.

La singulière femme!

PETERS.

Oh! oui; elle est, parfois, tout-à-fait extraordinaire.
Elle pleurera tout un jour, sans savoir pourquoi. Si je pouvais voir tout cela sans me déranger, passe encore; mais
quand elle pleure, je n'ai pas le courage de manger un morceau; il faut, bon gré malgré, que je pleure aussi.

FRANTZ à l'Inconnu; qui, pendant le dialogue précédent, est demeuré sur un
banc de gazon, lisant et écoutant par intervalle.

Eh bien! mon maître, cela suffit-il pour vous tranquil-
liser?

L'INCONNU.

Renvoie ce babillard.

FRANTZ.

Adieu, mon petit Peters.

PETERS.

Est-ce que vous voulez déjà vous en aller?

FRANTZ.

Non pas moi; mais madame Miller attend réponse.

PETERS.

Ah, diantre! vous avez raison. (*Il salue l'Inconnu, qui
ne lui répond que par un signe.*) Adieu, monsieur. (*A de-
mi-voix à Frantz.*) Il est sûrement fâché de n'avoir rien pu
tirer de moi.

FRANTZ.

Je le croirais presque.

PETERS s'en allant.

Oh! je ne suis point un babillard.

SCÈNE V.

L'INCONNU, FRANTZ.

FRANTZ.

Eh bien! monsieur?

L'INCONNU.

Que veux-tu?

FRANTZ,

Votre défiance était injuste.

L'INCONNU.

Hum !

FRANTZ.

Pourriez-vous conserver encore quelque doute ?

L'INCONNU.

Je ne veux plus rien entendre. (*Se levant et parlant avec humeur.*) Cette madame Miller, qui est-elle ? Pourquoi ce nom vient-il sans cesse frapper mon oreille ? Je ne l'ai point encore vue ; mais partout où je vais, elle y a déjà été.

FRANTZ.

Cela doit vous faire plaisir.

L'INCONNU.

Plaisir !

FRANTZ.

Sans doute ; vous devez être charmé qu'il y ait encore dans le monde quelques âmes bienfaisantes.

L'INCONNU.

Oh ! oui.

FRANTZ.

Vous devriez chercher à faire sa connaissance.

L'INCONNU avec ironie.

Sa connaissance !...

FRANTZ.

Et mais oui ; je l'ai vue une seule fois dans le jardin ; c'est une belle femme.

L'INCONNU.

Tant pis ; la beauté n'est qu'un masque trompeur.

FRANTZ.

La sienne me paraît être le miroir de son âme. Sa bienfaisance....

L'INCONNU.

Eh ! ne me parle pas de sa bienfaisance. Toutes les femmes veulent éblouir et nous surprendre, ou par quelques avantages, ou par quelques singularités : celle-ci peut n'être qu'une adroite hypocrite.

FRANTZ.

Eh ! pourvu que le bien se fasse, qu'importe comment ?

L'INCONNU.

Cela n'est point égal.

2

FRANTZ.

Cela est du moins indifférent pour le pauvre vieillard.

L'INCONNU.

Tant mieux ; il peut donc se passer de mon secours ?

FRANTZ.

C'est ce qu'il faut savoir.

L'INCONNU.

Comment donc ?

FRANTZ.

Madame Miller a pu l'aider dans ses besoins bornés et pressans ; mais lui a-t-elle donné, a-t-elle pu lui donner assez pour racheter le soutien de sa vieillesse ?

L'INCONNU.

Tais-toi. Je n'ai rien à lui donner. (*Après un silence, et une ironie amère :*) Tu prends chaudement les intérêts de ce vieillard. T'entendrais-tu avec lui ?

FRANTZ avec un sentiment douloureux.

Mon maître !... Cette idée ne sort point de votre cœur.

L'INCONNU avec bonté , et tendant la main à FRANTZ.

Pardonne-la-moi.

FRANTZ lui baisant la main.

Mon pauvre maître !... Il faut que vous ayez été cruellement joué par les hommes, pour qu'ils soient parvenus à vous inspirer cette horrible misanthropie ; à faire naître dans votre cœur ce doute affreux de toute vertu , de toute droiture.

L'INCONNU.

Tu l'as dit. Laisse-moi. (*Il se rejette sur un banc de gazon, reprend son livre , et lit.*)

FRANTZ à lui-même, considérant son maître.

Le voilà replongé dans la lecture : c'est ainsi qu'il passe toutes ses journées. Pour lui la nature est sans charmes, la vie est sans attraits. Dans trois ans , je ne l'ai pas vu sourire une seule fois. Comment cela finira-t-il ? Par un suicide?... Je le crains. S'il pouvait s'attacher à une créature vivante.... ou du moins cultiver des fleurs ! Mais non : il lit , et rien de plus ; et s'il ouvre la bouche, c'est pour en laisser sortir un torrent d'imprécations contre le genre humain.

L'INCONNU lit haut.

« Là , tout se retrace à notre idée ; d'anciennes plaies se

» rouvrent; tout ce qui, dans les temps antérieurs, ébranla
» violemment nos fibres, et laissa des traces profondes dans
» notre imagination, est un fantôme qui nous poursuit sans
» relâche, et nous tourmente dans la solitude. »

SCÈNE VI.

LES MÊMES, TOBIE, sortant de sa cabane.

FRANTZ.

Oui, oui, cet auteur a raison; mais (je l'ai ouï dire)
c'est précisément pour cela qu'il faut fuir la solitude, et qu'il
vaut mieux s'étourdir dans le tourbillon des plaisirs ou des
affaires.

(*L'inconnu ne l'écoute pas, et continue sa lecture.*)

TOBIE s'avançant sur la scène.

O quel bien cela fait de se sentir échauffer par les rayons
du soleil, après sept longues semaines !.... Dans le ravissement de ma joie, j'allais presque oublier d'en rendre grâce
au créateur. (*Il se découvre, regarde le ciel, et prie en silence.*)

(*L'Inconnu baisse son livre, et regarde attentivement
Tobie.*)

FRANTZ à l'Inconnu avec sensibilité.

Ce vieillard a bien peu de satisfaction sur la terre, et cependant il remercie la Providence du peu qu'elle lui accorde.

L'INCONNU.

Parce que l'espérance conduit à la lisière les hommes de
tout âge.

FRANTZ.

Tant mieux. L'espérance est le charme de la vie.

L'INCONNU.

Elle est la source de toutes nos erreurs.

(*Tobie s'est approché sur le bord du théâtre.*)

FRANTZ à TOBIE.

Je vous félicite, bon homme. Vous êtes, à ce que je vois,
échappé à la mort.

TOBIE.

Pour cette fois encore; oui, Dieu, et les secours de la

meilleure des femmes, ont prolongé ma vie peut-être de quelques années.

FRANTZ.

Et mais vraiment, vous me semblez d'un âge bien avancé.

TOBIE.

Je touche à ma soixante et douzième. Je n'ai plus aucune satisfaction à me promettre sur la terre..... Mais il y a encore une autre, une meilleure vie.

FRANTZ.

Vous pourriez vous plaindre du sort qui, si près du tombeau, vous rejette dans le monde. Pour les malheureux, la mort n'est point un mal.

TOBIE.

Suis-je donc si malheureux ? Est-ce que je ne jouis pas de la beauté de cette matinée ? N'ai-je pas retrouvé la santé ? Croyez-moi, un convalescent qui, pour la première fois, respire un air libre et pur, est, dans ce moment du moins, la plus heureuse créature que le soleil éclaire.

FRANTZ.

C'est un bonheur auquel l'habitude rend moins sensible.

TOBIE.

Vraiment oui : mais non dans la vieillesse. On jouit de la santé avec économie. J'ai beaucoup souffert, et je souffre encore : mais je n'en mourrais pas plus volontiers. Lorsque mon père, il y a quarante ans, me laissa cette chaumière, j'étais dans la vigueur de l'âge ; je pris une femme active, douce et bonne ; Dieu bénit mon ménage, et me donna cinq enfans. Cela dura dix ou douze ans. Je perdis deux de nos fils ; j'endurai cette perte avec résignation : il survint une grande disette ; ma compagne m'aida à la supporter ; mais, quatre ans après, Dieu me la reprit, et bientôt, de mes cinq enfans, il ne me resta qu'un seul fils. Tous ces coups me frappèrent presque sans intervalle. Je fus long-temps à pouvoir revenir de mon accablement : mais enfin le temps, et ma soumission à la Providence, produisirent leurs effets. Je repris goût à la vie ; mon fils prit de l'âge et des forces ; il me soulagea dans mon travail : à présent, je me vois privé de ce cher enfant, qui s'est engagé, qui s'est sacrifié pour moi par une généreuse imprudence : ce dernier coup m'enlève mon unique consolation, mon seul appui ; je ne peux plus travailler ; je suis vieux et faible; et sans madame Miller, il me fallait mourir de faim.

FRANTZ.

Et la vie a cependant encore des charmes pour vous?

TOBIE.

Pourquoi non, tant qu'il reste dans le monde un être qui tient à mon cœur. N'ai-je pas encore un fils?

FRANTZ.

Qui sait si vos yeux le reverront?

TOBIE.

Mais il vit au moins dans ma pensée, et il soutient mon existence. Et quand je serais condamné à ne plus le revoir, j'attendrais encore la fin de ma carrière sans la désirer, car voici la cabane où je suis né; voici encore un vieux tilleul qui a crû avec moi; et.... (j'ai presque honte de l'avouer) j'ai aussi mon vieux chien fidèle qui m'est cher.

FRANTZ souriant.

Un chien!

TOBIE.

Oui, un chien; riez tant qu'il vous plaira. Madame Miller, cette femme, la bonté même, vint un jour dans ma cabane; mon vieux fidèle se mit à gronder quand elle entra. « Pour- » quoi (me dit-elle) conservez-vous cet animal? vous avez » à peine du pain pour vous. » Bon Dieu! lui dis-je, et si je m'en défais, qui est-ce qui m'aimera?

FRANTZ à l'INCONNU, qui rêve profondément.

Ne me sachez pas mauvais gré d'interrompre votre rêve- rie, mon cher maître; mais je voudrais que vous eussiez en- tendu....

L'INCONNU.

J'ai tout ouï.

FRANTZ.

Eh bien! je désirerais que ce vieillard pût vous servir d'exemple.

L'INCONNU après un silence, en lui donnant son livre.

Tiens, va remettre ce livre dans le pavillon, et ouvres- en les fenêtres du côté de la prairie.

(*Très-vite au vieillard dès que Frantz a disparu.*)
Combien t'a donné madame Miller?

TOBIE.

Ah ! cette bonne âme, cette âme angélique m'a mis en état de voir tranquillement arriver l'hiver prochain.

L'INCONNU.

Rien de plus ?

TOBIE.

Pourquoi donc plus ? Sans doute il me serait bien doux de me trouver en état de racheter mon pauvre Ernest ; mais la bonne madame Miller a fait tout ce qui était en son pouvoir.

L'INCONNU lui mettant dans la main une bourse bien garnie.

Tiens, rachète ton fils. (*Il s'éloigne promptement, et prend le chemin de sa maisonnette.*)

SCÈNE VII.

TOBIE, seul, étonné.

Qu'est-ce que c'est que ça ? (*Il ouvre la bourse.*) Des pièces d'or ! ah, Dieu ! (*Il se découvre, et regarde un moment le ciel.*)

SCÈNE VIII.

TOBIE, FRANTZ.

TOBIE allant au-devant de FRANTZ.

Voyez, voyez, l'ami : la confiance en Dieu n'est jamais déçue (*lui montrant la bourse*). Quel présent du Ciel !

FRANTZ.

Je vous en félicite, bon homme ; mais qui vous a donné cela ?

TOBIE.

Votre brave maître.... Que le ciel puisse un jour dignement le récompenser !

FRANTZ.

Le singulier homme ! C'est pour cela qu'il m'a fait reporter son livre ; il ne voulait aucun témoin de sa bonne action.

TOBIE.

Il n'a pas voulu emporter mon remercîment ; il était bien loin avant que j'aie pu parler.

FRANTZ.

Ah ! je le reconnais là !

TOBIE.

Adieu, l'ami, adieu. Je vais aussi vite que la vieillesse me le permettra. Ah ! l'agréable course ! je vais racheter mon fils. Comme le bon jeune homme va se réjouir quand il reverra tout ce qu'il aime ! car il était prêt à se marier. Quelle joie ! quelle faveur de la Providence ! Oh ! qu'elle daigne à jamais répandre ses bienfaits sur cet homme généreux ! Dites-lui bien, monsieur, que je vais employer le reste de mes jours à prier le Ciel pour son bonheur. Eh ! qui peut mieux y prétendre que l'être bienfaisant, si semblable à la Divinité ! (*Il sort du côté opposé à sa chaumière.*)

SCÈNE IX.

FRANTZ, seul.

Que ne suis-je riche ! C'est dans un moment comme celui-ci que l'on peut envier un avantage qui permet de faire des heureux.

FIN DU PREMIER ACTE.

ACTE SECOND.

(Le théâtre représente un salon dans le château.)

SCÈNE I.

EULALIE seule, tenant une lettre ouverte.

Voilà qui m'afflige ! Je m'étais si bien accoutumée à une retraite profonde ! Le repos, sans doute, ne se trouve pas toujours dans l'âme du solitaire. Malheureuse Eulalie ! les remords déchirans te suivront partout, dans le cloître, dans les déserts ; mais du moins, quand leur poids oppressait ton cœur, tu pouvais verser des larmes, et personne ne te demandait pourquoi tu les avais répandues : tu pouvais errer dans les vallons, dans les campagnes, et l'on ne s'apercevait point que tu obéissais à l'agitation d'une conscience bourrelée. Ils reviennent, ils vont m'entraîner dans leur société ; il me faudra parler, rire, partager avec eux les plaisirs d'une promenade bruyante, les vains amusemens du jeu. (*Jetant un coup d'œil sur la lettre.*) Leur billet ne me dit pas si ce voyage n'est que l'idée, la fantaisie d'un moment, ou s'ils ont le projet de faire ici quelque séjour : alors, adieu les charmes de la douce mélancolie qui, par intervalle, ramenait la paix dans mon cœur.... Adieu, mes chères lectures ! Et vous, noble et généreuse comtesse, vous allez m'accabler encore des témoignages de votre amitié, de votre estime, tandis qu'à chaque instant je me rappellerai... je sentirai combien j'en suis indigne. Oh ! quels tourmens affreux ! Ils sont justes. Mais une autre idée me frappe et m'allarme. Si ce château devient le rendez-vous de quelques sociétés ; si le hasard y fait rencontrer quelqu'une des personnes qui m'ont autrefois connue ! Ah ! qu'on est malheureux lorsqu'il se trouve dans l'univers entier une personne seulement dont on doive redouter la vue.

SCÈNE II.

EULALIE, PETERS.

PETERS accourant.

Eh bien ! me v'là.

EULALIE.

Déjà de retour !

PETERS.

Bah ! je suis alerte ; et j'ai, chemin faisant, attrapé un papillon, sans compter que j'ai babillé un petit quart-d'heure.

EULALIE.

Passe pour babiller ; mais sans indiscrétion.

PETERS.

Le ciel m'en garde ! j'ai bien dit au vieux Tobie que, de sa vie, il ne saurait que l'argent vient de vous.

EULALIE souriant.

A merveille ! Et ce bon vieillard, est-il parfaitement rétabli !

PETERS.

Oh ! parfaitement. Il veut aujourd'hui prendre l'air pour la première fois.

EULALIE avec beaucoup d'expression.

Le ciel en soit béni ! (*A elle-même, par réflexion.*) Quelle enfance !... La satisfaction que j'éprouve ne ressemble-t-elle pas à celle d'une personne qui devrait des millions, et qui viendrait d'acquitter un denier de sa dette ?

PETERS.

Il me disait qu'il vous devait tout, et qu'il voulait aujourd'hui même se traîner jusqu'ici pour embrasser vos genoux.

EULALIE.

Mon cher Peters, veux-tu me faire un plaisir ?

PETERS.

Eh ! mon dieu ! cent pour un.

EULALIE.

Prends garde au moment où le vieux Tobie pourra venir, et ne le laisse pas monter. Dis-lui que je n'ai pas le temps, que je suis malade, que je dors, ou tout ce que tu voudras.

3

PETERS.

Bien, bien; et s'il ne veut pas se retirer, je le prendrai par le bras...

EULALIE.

Que le ciel t'en préserve! Garde-toi bien de causer le moindre mal, le moindre chagrin à ce bon vieillard.

PETERS.

Ah! voilà mon père, je vais me mettre aux aguets.

(Il sort.)

SCÈNE III.

EULALIE, BITTERMANN.

BITTERMANN.

Bon jour, ma charmante madame Miller; je suis d'honneur ravi de vous voir en aussi bonne santé. Vous m'avez fait appeler; il y a probablement quelques nouvelles. J'ai, de mon côté, des lettres....

EULALIE.

Mais vraiment, mon cher monsieur Bittermann, vous avez des correspondances avec toute la terre.

BITTERMANN avec importance.

J'en ai du moins de sûres dans les capitales de l'Europe.

EULALIE.

Je le crois; mais je doute que vous sachiez ce qui doit se passer aujourd'hui dans ce château.

BITTERMANN.

Ici? dans ce château? mais rien de bien important.

EULALIE.

Je vous annonce l'arrivée des maîtres de la maison.

BITTERMANN.

Comment? quoi! son excellence monsieur le comte!...

EULALIE.

Arrive ce matin même avec son épouse, et son beau-frère le major de Hortz.

BITTERMANN.

Sans plaisanterie?

EULALIE avec douceur.

Vous savez, mon cher Bittermann, que je ne plaisante guère.

BITTERMANN étourdi de la nouvelle.

Peters ? Ah ! bon dieu ! son excellence en propre personne.... et madame la comtesse.., et monsieur le major.... et rien ici ne se trouve disposé pour les recevoir ! Peters ! Peters !

SCÈNE IV.

LES MÊMES, PETERS.

PETERS accourant.

Eh bien ! qu'est-ce qu'il y a ?

BITTERMANN.

Rassemble tous les gens ; fait chercher le garde-chasse, qu'il envoie un chevreuil à la cuisine de son excellence ; que Lise nettoie les chambres ; ôte la poussière des trumeaux, afin que madame puisse se mirer à son aise ; que le cuisinier tue une 'couple de chapons ; que Jean aille tirer un brochet du vivier, et que Frédéric se hâte d'accommoder ma belle perruque.

(PETERS sort.)

SCÈNE V.

EULALIE, BITTERMANN.

EULALIE.

Avant tout, faites disposer les appartemens des maîtres.

BITTERMANN.

Oui, oui, ma charmante madame Miller, je vais m'en occuper tout de suite. Diantre soit de moi ! la chambre verte est embarrassée : où pourrai-je placer monsieur le major ?

EULALIE.

Donnez-lui la petite chambre rouge, sur l'escalier ; l'appartement est propre, et la vue en est très-agréable.

BITTERMANN.

Fort bien, ma bonne et chère madame Miller ; mais cette chambre a toujours été celle du secrétaire de monsieur le comte. Il me vient une excellente idée : vous connaissez la maisonnette au bout du parc ? nous y logerons le secrétaire.

BITTERMANN.

Vous oubliez, mon cher Bittermann, que l'étranger l'habite.

BITTERMANN.

Et qu'importe l'étranger ? Il faut qu'il en sorte.

EULALIE.

Cela ne serait pas juste ; c'est de votre aveu qu'il l'occupe, et je crois qu'il vous en paye généreusement le loyer.

BITTERMANN.

J'en conviens, il me paye fort bien ; et ce petit accessoire n'est point à dédaigner pour un pauvre diable d'intendant ; mais....

EULALIE.

Eh bien ! mais....

BITTERMANN.

On ne sait ce que c'est que cet homme ; je me romps la tête depuis plusieurs mois pour découvrir ce qu'il est, ce qu'il cherche....

EULALIE.

Eh ! mon cher, laissez-le en paix. Je ne l'ai point encore rencontré, et je ne suis pas curieuse de le voir ; mais tout ce que j'entends dire de lui me donne l'idée d'un homme que l'on peut souffrir partout : il vit dans la paix et la tranquillité.

BITTERMANN.

Cela est vrai.

EULALIE.

On assure qu'en secret il fait beaucoup d'actes de bienfaisance.

BITTERMANN.

J'en conviens.

EULALIE.

Il n'offenserait pas un enfant.

BITTERMANN.

Non : il en est incapable.

EULALIE.

Il n'est à charge à personne.

BITTERMANN.

C'est une justice qu'on lui rend.

EULALIE.

Eh bien ! que voulez-vous de plus ?

BITTERMANN.

Je veux savoir qui il est. Si l'on pouvait, du moins, l'engager adroitement dans une conversation ! Mais point du tout. Quand je le rencontre dans l'allée obscure des tilleuls, ou làbas, près du ruisseau (ce sont-là ses promenades favorites), je veux quelquefois entamer l'entretien. « Le temps est beau » aujourd'hui ? — Oui. — Les arbres commencent à fleurir? » — Oui. — Monsieur, comme je vois, fait un peu d'exercice ? — Oui. » Eh ! va-t-en au diable, dis-je tout bas. Tel maître, tel valet : je n'ai pu tirer une syllabe du sien, sinon qu'il se nomme Franck.

EULALIE.

Vous vous passionnez, mon cher Bittermann, et vous perdez de vue l'arrivée de monsieur le comte.

BITTERMANN.

Eh ! oui, Dieu me pardonne !... Vous voyez quel inconvénient il résulte de ne pas connaître les gens.

EULALIE.

Mais il est déjà neuf heures ; ils peuvent arriver d'un moment à l'autre. Je vais m'occuper de ce qui me regarde ; faites-en autant de votre côté.

(Elle sort.)

SCÈNE VI.

BITTERMANN.

Oui, oui, je ferai ce que je dois faire. En voilà encore une de la même trempe que l'inconnu : on ne sait qui elle est. Madame Miller ! Eh, bon dieu ! il y a tant de Miller dans le monde ! Je sais bien que notre maîtresse a reçu celle-ci, il y a trois ans, dans son château, et l'y a établie. Mais d'où venait-elle ? pourquoi ? à quelle occasion ? voilà le nœud ! Elle se chargera, nous dit Madame, de l'économie intérieure du ménage. Eh ! mais, ne me suis-je pas glorieusement acquitté, pendant vingt ans, de la conduite de toute la maison, soit pour le dehors, soit pour l'intérieur? et cette madame Miller, n'a-t-elle pas tout appris de moi? Elle ne savait, en vérité, rien de ce qui peut concerner un ménage.

SCÈNE VII.

BITTERMANN, PETERS.

PETERS accourant.

Mon père! mon père! voici un monsieur qui arrive. Son valet de chambre dit que c'est le major... le major... de... de... J'ai couru pour.... Mais le voici....

SCÈNE VIII.

LE MAJOR DE HORST, BITTERMANN, PETERS, qui, pendant toute cette scène, est l'écho et le singe de son père.

BITTERMANN avec beaucoup de révérences.

J'ai l'honneur, monsieur le major, de présenter à votre seigneurie, dans ma petite personne, le sieur intendant Bittermann, qui regarde comme un moment très-heureux celui qui lui procure l'avantage de voir face à face le respectable beau-frère de son excellence monsieur le comte de Walberg.

PETERS tirant le pied.

De Walberg!

LE MAJOR.

Oh! en voilà beaucoup trop, cher Bittermann; je suis soldat, comme vous voyez; je ne fais, ni n'exige de cérémonies.

BITTERMANN.

Avec votre permission, monsieur le major, quoiqu'on vive au village, on n'ignore point ce qui est dû aux personnes de considération.

PETERS répétant.

De considération!

LE MAJOR.

C'est bon, c'est bon; nous ferons plus ample connaissance. Apprenez, mon cher, que je me propose de passer au moins une couple de mois au château de Walberg.

BITTERMANN.

Et pourquoi pas toute une année? cela n'embarrasserait point le vieux Bittermann : il a, sans se vanter, amassé et mis en réserve de quoi étonner ses respectables maîtres.

LE MAJOR.

Tant mieux ; un économe demande un dissipateur, et vous avez votre homme dans mon beau-frère. Savez-vous qu'il a quitté le service, et qu'il se propose de passer tranquillement le reste de sa vie dans son château ?

BITTERMANN.

Cela m'étonne !... mais j'en suis charmé, d'autant que nous recevrons plus exactement les nouvelles publiques.

PETERS répétant.

Ah, oui ! les nouvelles publiques.

BITTERMANN.

N'y a-t-il rien de nouveau, monsieur le major, dans le monde politique ?

LE MAJOR.

Rien, que je sache au moins ; car je vous dirai, mon cher Bittermann, que je ne me mêle guère que de faire mon état avec honneur, et que chacun devrait en faire autant ; quant à la politique, je m'en repose entièrement sur ceux qui veulent bien se charger de ce pénible emploi.

BITTERMANN.

Mais il me semble que j'entends sur l'escalier.... oui, c'est madame Miller ; elle est ici surintendante... dame de compagnie... Je vais avoir le plaisir de vous l'envoyer.

LE MAJOR.

Ne vous donnez pas cette peine-là.

BITTERMANN.

Ce n'en est point une, monsieur le major, et je serai toujours prêt à me montrer votre très-empressé serviteur.

PETERS tirant le pied en s'en allant.

Votre très-empressé serviteur. (*Il fait beaucoup de révérences.*)

SCÈNE IX.

LE MAJOR, seul.

Ils vont me mettre vis-à-vis de quelque vieille bavarde, qui m'assommera de son caquet domestique. De quelle patience il faut s'armer avec ces êtres-là !

SCENE X.

EULALIE, en faisant un révérence qui annonce le savoir-vivre, LE MAJOR.

LE MAJOR à part, lui rendant son salut avec un peu de surprise.

Eh ! non, elle n'est pas vieille.

(*Jetant un nouveau regard sur elle.*)

Non parbleu ! Elle n'est, ma foi, pas laide non plus.

EULALIE.

Je suis bien aise, monsieur, de connaître en vous le frère de ma bienfaitrice.

LE MAJOR.

Madame, je prise beaucoup un titre qui me donne droit à faire votre connaissance.

EULALIE, sans répondre à ce compliment ni par le regard, ni par le maintien.

C'est la belle saison, sans doute, qui engage monsieur votre beau-frère à quitter la ville ?

LE MAJOR.

Non pas précisément, madame. Vous le connaissez ; il lui est à peu près indifférent qu'il pleuve ou qu'il fasse beau ; que nous ayons l'hiver ou le printemps, pourvu qu'un été perpétuel règne dans sa maison, c'est-à-dire, pourvu qu'il y trouve constamment une épouse aimable et attentive, une bonne table et quelques amis disposés à la joie.

EULALIE.

Voilà bien M. de Walberg, toujours insouciant ; mais cherchant à ne pas perdre une minute de la vie. Tout semble le favoriser ; naissance, richesse, santé, tout contribue à son bonheur ; mais s'il éprouvait les maux qui affligent la triste humanité, il ne pourrait, même près de votre sœur, jouir d'une constante félicité.

LE MAJOR, qui se sent de plus en plus frappé, à mesure que les sentimens d'EULALIE se développent davantage.

Rien de plus vrai, madame ; et mon épicurien de beau-frère paraît sentir son bonheur et le vouloir goûter, à son aise ; il a quitté le service pour vivre entièrement à lui-même.

EULALIE avec un peu d'embarras.

Ici, monsieur le major?

LE MAJOR.

Pourvu que la solitude ne lui devienne pas ennuyeuse.

EULALIE reprenant un ton aisé.

Je pense que la retraite, pour celui qui y porte un cœur libre, surpasse toutes les satisfactions de la vie.

LE MAJOR.

C'est pour la première fois que j'entends l'éloge de la solitude, sortir d'une belle bouche.

EULALIE.

Vous me faites là un compliment aux dépens de mon sexe.

LE MAJOR.

Et la retraite que vous habitez, possède-t-elle depuis long-temps une aussi aimable panégyriste?

EULALIE.

Je demeure ici depuis trois ans.

LE MAJOR.

Et jamais le moindre retour vers les agrémens de la ville?

EULALIE.

Jamais, monsieur le major.

LE MAJOR.

De pareils sentimens ne peuvent être que l'effet d'une éducation négligée ou d'une perfection rare. Votre premier regard ne permet pas de douter dans laquelle des deux classes il faut vous ranger.

EULALIE avec un soupir.

Il en est peut-être une troisième.

LE MAJOR.

Vous me permettrez de vous le dire, madame, il m'est aussi difficile de croire la solitude faite pour vous, qu'il m'est impossible de vous croire faite pour la solitude. Pour me convaincre des charmes que vous avez l'art d'y trouver, il faudrait que je fusse instruit de l'emploi de vos journées.

EULALIE, comme entraînée involontairement par les idées qui lui rient.

Oh! vous ne sauriez croire, monsieur le Major, avec quelle rapidité le temps s'écoule, lorsqu'une certaine uni-

4

formité règne dans notre façon de vivre. Les heures de chaque matinée rappellent exactement celles de la veille, et les mêmes agrémens renaissent avec les mêmes occupations. Lorsqu'à la fraîcheur d'un beau matin, je me lève pour jouir de la vue du soleil levant, je ne me lasse point d'admirer l'agissante activité des travaux rustiques. Le bétail quitte son étable, le laboureur se rend aux champs, et me souhaite, en passant, un bon jour amical. Tout vit, tout s'agite, tout est gai. Lorsque, pendant une heure, j'ai été témoin de ce spectacle ravissant, je vais à mes devoirs particuliers, et je me trouve à midi sans m'en être aperçue. Vers le soir, je me promène du jardin au parc, du parc à la prairie ; j'arrose mes fleurs, je cueille des fraises ou d'autres fruits, et je me plais à regarder les jeux et les danses d'une jeunesse aussi simple dans ses amusemens que pure dans ses mœurs.

LE MAJOR.

C'est fort bien. Voilà les ressources de l'été ; mais l'hiver ! l'hiver !

EULALIE.

Mais l'hiver n'est point sans agrémens ; et quand sa rigueur ne nous permet point de braver les frimats, on se renferme, on ouvre la bibliothèque, et l'on mêle aux soins domestiques des lectures agréables et solides, jusqu'au retour du printemps.

LE MAJOR.

Mais encore peut-on désirer de voir quelquefois une figure humaine.

EULALIE.

Mais il n'en manque point ici, monsieur le Major ; l'œil s'arrête volontiers sur des physionomies riantes, qui respirent à la fois la santé, le plaisir et l'innocence.

SCÈNE XI.

LES MÊMES, PETERS.

PETERS.

Oh ! je ne puis plus le retenir ; il est déjà sur l'escalier.

EULALIE.

Qui ?

PETERS.

Le vieux Tobie. Il veut, dit-il, se jeter à vos pieds.....
Eh! tenez, le voici.

SCÈNE XII.

Les mêmes, TOBIE.

TOBIE entrant sur les pas de PETERS.

Il faut.... bon dieu.... oui, il faut.... (*Il veut embrasser
les genoux de madame Miller, qui l'en empêche.*)

EULALIE très-embarrassée.

Je n'ai pas le temps, bon homme; vous voyez que je ne
suis pas seule.

TOBIE.

Ah! monsieur voudra bien me pardonner.

LE MAJOR.

Que voulez-vous, bon vieillard?

TOBIE.

Je veux présenter ma reconnaissance. Les bienfaits sont
un poids quand on ne peut en rendre grâce.

EULALIE.

Demain, bon homme, demain.

LE MAJOR vivement.

Non, madame; permettez-lui de soulager son cœur; et
souffrez que je sois témoin d'un incident qui, plus puis-
samment encore que votre entretien, me fera connaître l'emploi de vos momens. Parle, bon vieillard, parle.

TOBIE.

Oh! si chacune de mes paroles pouvait attirer sur elle la
bénédiction céleste.... J'étais abandonné dans ma chaumière;
la fièvre minait ma faible existence; le vent, la pluie péné-
traient dans ma misérable demeure; je n'avais rien pour me
couvrir, et pas un seul petit morceau de pain pour mon bon
Fidèle, ce compagnon de mes vieux jours. (*A Eulalie.*)
C'est dans cet état que vous parûtes à mes yeux comme un
ange consolateur : vous me procurâtes des remèdes et des
soulagemens; mais le charme de vos paroles a été pour moi
le plus puissant de tous les remèdes : je suis guéri; j'ai joui

de nouveau, pour la première fois, des rayons du soleil : j'ai commencé par offrir à Dieu ma reconnaissance ; à présent je viens à vous, ma noble bienfaitrice....

EULALIE.

De grâce, bon vieillard, cessez....

TOBIE.

Non, non.... laissez-moi mouiller de mes larmes cette main généreuse ; laissez-moi donc embrasser vos genoux (*Eulalie l'en empêche*). C'est par vous que Dieu a béni ma vieillesse. L'étranger qui demeure près de ma chaumière vient de me faire présent d'une bourse d'or pour racheter mon fils. Je me rends à la ville ; je dégage mon enfant ; je lui donne une brave fille pour épouse, et peut-être aurai-je encore la douceur de tenir sur mes genoux les fruits de leur tendresse. Et vous, si jamais vous passez devant mon heureuse cabane.... ô quelle satisfaction ce sera pour vous de pouvoir dire.... voilà mon ouvrage ! voilà les heureux que j'ai faits !

EULALIE d'un ton suppliant.

C'est assez, mon bon vieillard, c'est assez.

TOBIE

Oui, c'est assez.... car je ne puis exprimer tout ce que je sens. Dieu seul, oui, Dieu seul, et votre cœur, peuvent dignement vous récompenser. (*Il lui baise la main avec l'ardeur de la plus vive reconnaissance, et sort.*)

(PETERS, qui est resté la bouche béante à écouter de loin cette scène, sort avec lui en s'essuyant les yeux.)

SCÈNE XIII.

EULALIE, LE MAJOR.

(EULALIE a les yeux baissés, et lutte contre l'embarras d'une âme noble, surprise dans l'exercice d'une bonne action. Le MAJOR jette en silence sur elle des regards où se peignent les mouvemens de son cœur.)

EULALIE cherchant à faire prendre un autre tour à la conversation.

Il me semble que monsieur le comte devrait être bientôt ici ?

LE MAJOR répondant comme occupé d'une autre idée.

Il voyage lentement ; les chemins sont difficiles. Son retard m'a procuré un entretien que je n'oublierai jamais.

EULALIE.

Eh quoi ! monsieur le Major, une scène aussi simple paraît vous étonner ?

LE MAJOR.

Vous l'avez dit, madame ; et aujourd'hui, je vous l'avoue, j'étais si peu préparé à une connaissance comme la vôtre.... je m'attendais si peu, lorsque Bittermann m'a dit votre nom....

EULALIE l'interrompant avec une légèreté affectée.

Mon nom !.... je ne songe pas à le rendre plus imposant qu'il ne vous a paru.

LE MAJOR.

Vous songez adroitement à me faire prendre le change ; mais pardonnez à ma curiosité. Vous fûtes..... (*avec timidité*) ou vous êtes mariée ?

EULALIE passant rapidement de l'espèce de gaieté qu'elle avait affectée, au ton le plus triste.

Je fus mariée, monsieur le Major.

LE MAJOR cherchant à contenir sa curiosité dans les bornes de la décence.

Ainsi.... vous êtes veuve ?

EULALIE.

Pardon, monsieur ; il est dans le cœur humain de certaines cordes qu'on ne peut toucher sans en tirer un son douloureux.... pardon.

LE MAJOR.

J'entends. (*Il se tait avec respect.*)

EULALIE après un silence, et cherchant à prendre un ton dégagé.

Vraiment, je vais vous paraître avoir pris des leçons de Bittermann : n'y a-t-il rien de nouveau dans la capitale ?

LE MAJOR.

Rien d'important. Je ne puis, au reste, savoir ce qui peut vous y intéresser, et quelles connaissances vous y avez.

EULALIE.

Moi ? pas une seule.

LE MAJOR.

Ce n'est donc pas dans notre pays que vous êtes née ?

EULALIE.

Je n'y ai reçu ni ma naissance, ni mon éducation.

LE MAJOR.

Et me permettrez-vous de demander quel climat ?....

EULALIE légèrement.

A eu le bonheur de produire ma chétive existence ? Je suis Allemande, monsieur le Major ; ma patrie est située dans le vaste empire germanique.

LE MAJOR souriant.

Tout de bon ? Excepté vos charmes, madame, vous savez tout envelopper d'un voile mystérieux.

EULALIE.

C'est ce que vous voudrez bien pardonner à la petite vanité de mon sexe.

SCÈNE XIV.

Les mêmes, PETERS.

PETERS accourant et s'écriant avec joie.

Monsieur le comte et madame la comtesse.

SCÈNE XV.

Les mêmes, BITTERMANN, ouvrant la porte, LE COMTE et LA COMTESSE entrent précédés d'un postillon, de plusieurs domestiques et d'une femme de chambre, qui tient un enfant par la main.

LE COMTE.

Enfin, nous voilà. Le Ciel bénisse notre départ et notre arrivée ! Madame Miller, je vous amène un invalide, qui ne veut plus servir sous d'autres étendards que les vôtres.

EULALIE.

Mes étendards, monsieur le comte, ne se déploient que pour la retraite.

LE COMTE.

Et les petits amours s'y peignent encore de tous côtés.

LA COMTESSE, qui a très-amicalement embrassé EULALIE, et en a reçu un accueil tendre et respectueux.

Monsieur mon cher époux, vous oubliez, je crois, que je suis là

LE COMTE.

Parbleu, ma chère épouse, il m'est permis d'en faire autant que votre cher frère, qui a mis sur les deuts mon attelage gris-pommelé, pour arriver ici une demi-heure avant nous.

LE MAJOR.

Si j'avais eu quelque idée des charmes de ce séjour, vous auriez raison.

LA COMTESSE.

Je vais, ma chère madame Miller, je vais servir à son gré votre âme sensible. Nous voulons confier à vos soins ce cher enfant ; c'est le fils de ma sœur, de ma pauvre Caroline ; il a perdu sa mère, il faut qu'il la retrouve en nous deux.

L'ENFANT.

C'est donc encore une maman que vous voulez me donner. Ah ! je sens que je l'aimerai aussi.

LA COMTESSE.

Bien.... bien.... mon cher Eugène.

EULALIE avec un trouble marqué.

Eugène !.... (Se remettant.) L'aimable enfant ! (Elle se penche sur lui, et une profonde méditation se peint sur son visage.)

LE COMTE.

Eh bien ! Bittermann, je me flatte que vous aurez donné vos soins pour nous procurer un bon dîner ?

BITTERMANN.

Aussi bon, excellence, que le peu de temps l'aura permis.

(Le COMTE donne son épée et son chapeau à BITTERMANN, et cause tout bas avec lui.)

LE MAJOR prenant la COMTESSE à part, et lui montrant EULALIE.

Dis-moi, je te prie, ma sœur, quel est ce trésor que tu avais enseveli dans ton château ?

LA COMTESSE.

Ah ! ah ! monsieur l'amateur, vous voilà pris.

LE MAJOR.

Réponds-moi.

LA COMTESSE.

Eh bien ! elle se nomme madame Miller.

LE MAJOR.

Je le sais, mais....

LA COMTESSE.

Mais.... mais.... je n'en sais pas davantage.

LE MAJOR.

Badinage à part, dis-moi....

LA COMTESSE.

Badinage à part, suis-moi dans mon appartement ; je te prouverai que je ne sais rien de plus. (*A Eugène.*) Viens, mon cher enfant, viens te reposer. (*A madame Miller.*) Je compte vous retrouver ici, ma chère madame Miller ; votre aimable société ajoutera beaucoup aux charmes que je me promets de goûter en ces lieux.

SCÈNE XVI.

LE COMTE, EULALIE, BITTERMANN, PETERS.

(Le COMTE s'est jeté nonchalamment dans un fauteuil ; EULALIE a pris son sac à ouvrage qui était sur une table, en a tiré une broderie, et elle s'est mise à travailler ; de temps en temps elle essuie une larme.)

LE COMTE.

Eh bien ! Bittermann, es-tu toujours un drôle de corps ?

BITTERMANN.

A vous servir, excellence.

LE COMTE.

Je crois que nous nous amuserons bien ensemble.

BITTERMANN.

Je ferai tout ce qui dépendra de moi pour que monsei....

LE COMTE montrant PETERS.

Qu'est-ce que ce grand imbécile-là ?

BITTERMANN.

Sauf votre respect, c'est mon propre fils ; ils se nomme Peters.

LE COMTE (PETERS fait des révérences).

Ah ! ah ! — Et comment vont les affaires au château ?

BITTERMANN.

A merveille, excellence.

LE COMTE.

Et la chasse ?

BITTERMANN.

Nous avons du gibier en quantité, mais j'ai ménagé d'autres plaisirs plus piquans à mes très-honorés maîtres. Il faut voir le parc comme je l'ai arrangé ; vous ne le reconnaîtrez pas ; une solitude, des points de vue, un obélisque, des ruines, et le tout avec une économie, une épargne ! Par exemple, à l'entrée du bosquet, j'ai fait construire un pont chinois sur le ruisseau : cela est d'une solidité !.....

LE COMTE.

Allons voir toutes ces raretés, pendant qu'on mettra le couvert.

BITTERMANN.

Tous mes ordres sónt donnés. J'aurai l'honneur, en toute soumission, d'accompagner votre excellence.

PÉTERS.

J'aurai aussi cet honneur-là.

LE COMTE se tournant du côté de madame MILLER.

Mais, madame Miller, vous êtes à l'ouvrage comme une personne qui n'aurait pas d'autres ressources. Oh ! je suis à vous toute à l'heure, et je me flatte bien que nous ne nóus occuperons sérieusement qu'à varier les plaisirs de la campagne. (*A Bittermann.*) Allons, Bittermann, allons voir ton pont chinois.

(BITTERMANN lui présente son chapeau, et ils sortent ensemble, ainsi que PETERS.)

SCÈNE XVII.

EULALIE seule, elle se lève.

Que se passe-t-il en moi ? quelle cause a produit dans mon âme une secousse aussi terrible ? mon cœur saigne, mes larmes coulent. J'étais presque parvenue à paraître maîtresse de ma douleur ; l'aspect de cet enfant m'a tout à coup anéantie. Lorsque la comtesse a nommé Eugène, lorsqu'elle a parlé de le confier à mes soins.... ah !.... elle était loin de soupçonner qu'elle me portait un coup terrible. (*Avec un serrement de cœur.*) J'ai un Eugène aussi !.... un Eugène dont l'éducation n'est pas mon ouvrage ! Il doit être, s'il vit encore, de l'âge de celui-ci... Oui, s'il vit encore.... Qui sait si lui, si ma petite Amélie, ne déposent pas depuis long-temps contre moi au tribunal de l'Être Suprême ? Idée cruelle, pourquoi me tourmentes-tu ? pourquoi fais-tu retentir à mes oreilles leurs cris inutiles et plaintifs ? pourquoi me peins-tu ces pauvres innocens luttant contre les maladies

5

de l'enfance, implorant des secours qu'une main mercenaire
leur accorde à regret.... ou leur refuse peut-être.... Car,
hélas! ils sont abandonnés par leur mère... par leur mère
dénaturée. (*Pleurant amèrement.*) Ah! je suis une malheureuse et bien coupable créature!.... et c'est aujourd'hui que
le sentiment profond de mes remords se réveille dans mon
cœur, et le déchire.... aujourd'hui même, où j'aurais besoin
de masquer mon visage d'une apparence de tranquillité.

SCÈNE XVIII.

EULALIE, PETERS, *accourant à perte d'haleine.*

PETERS.

Ah, mon Dieu! mon Dieu!

EULALIE.

Qu'est-ce que c'est?

PETERS.

M. le comte est tombé dans l'eau; son excellence est
noyée.

EULALIE.

Il est mort?

PETERS.

Oh! non, il n'est pas tout-à-fait mort.

EULALIE.

Ne criez donc pas ainsi, que la comtesse puisse ignorer....

PETERS criant beaucoup plus fort.

Que je ne crie pas! ah! mon dieu! mon dieu! monsieur
le comte est tout trempé.

SCÈNE XIX.

LES MÊMES, LA COMTESSE, LE MAJOR, *entrant
très-promptement.*

LA COMTESSE très-vite.

Qu'est-ce que c'est donc que ces cris?

LE MAJOR très-vite.

Qu'est-il donc arrivé?

EULALIE.

Un petit accident, madame ; quoi qu'il en soit, monsieur le comte est sauvé, n'est-il pas vrai, Peters ?

LA COMTESSE.

Sauvé ! et que lui est-il donc arrivé ?

PETERS.

C'est ce maudit pont chinois : il était pourtant bien solide ; mais monsieur le comte, aussi, qui va s'appuyer sur la balustrade : crac, la voilà en deux, et pouf, son excellence tombe dans l'eau.

LA COMTESSE.

Ah ! mon dieu !

EULALIE.

Et vous l'en avez retiré sur-le-champ ?

PETERS.

Moi ! point du tout, ni mon père non plus ; mais nous nous sommes mis à crier de toutes nos forces ; à nos cris accourut l'étranger qui demeure là-bas, et qui ne parle jamais : habit bas, d'un saut le voilà dans l'eau ; il saisit son excellence par le bras, la ramène heureusement sur le rivage, reprend son habit, et puis le voilà qui se sauve aussi vite qu'il était venu.

LA COMTESSE.

Que dites-vous ? ah ! courons, courons tous secourir mon époux, et remercier ce généreux inconnu.

(Tous sortent avec précipitation.)

FIN DU SECOND ACTE.

ACTE TROISIÈME.

(Le théâtre est comme au premier acte, et ne change plus.)

SCÈNE I.

L'INCONNU lit, assis sur un banc de gazon; FRANTZ
qui arrive.

FRANTZ.

Le dîner est prêt,

L'INCONNU.

Je n'ai point envie de manger.

FRANTZ.

Des légumes, un poulet.

L'INCONNU.

Pour toi, si tu veux.

FRANTZ.

Vous n'avez point d'appétit?

L'INCONNU.

Non.

FRANTZ.

C'est la chaleur du jour qui....

L'INCONNU.

Cela se peut.

FRANTZ.

Peut-être ce soir....

L'INCONNU.

Peut-être. (*Il continue sa lecture.*)

FRANTZ.

Monsieur, me permettrez-vous de vous dire un mot?

L'INCONNU.

Parle,

FRANTZ.

Vous avez fait une belle action.

L'INCONNU.

Laquelle ?

FRANTZ.

Vous avez sauvé la vie....

L'INCONNU.

Tais-toi.

FRANTZ.

Et savez-vous à qui?

L'INCONNU.

A un homme, cela suffit.

FRANTZ.

C'est au comte de Walberg.

L'INCONNU.

A la bonne heure.

FRANTZ.

En vérité, votre procédé m'arrache des larmes d'atten-drissement.

L'INCONNU.

Faiblesse.

FRANTZ.

Un cœur aussi noble ! aussi généreux !

L'INCONNU se levant avec humeur.

Vas-tu me flatter? Retire-toi.

FRANTZ.

Lorsqu'en silence j'examine le bien que vous faites autour de vous, l'attention que vous avez de regarder les peines d'autrui comme les vôtres, et que je vois cependant que vous n'en êtes pas plus heureux, cela me fait saigner le cœur.

L'INCONNU attendri.

Je te remercie.

FRANTZ.

Mon cher maître, ne prenez pas mal ce que je vais vous dire. Si votre mélancolie ne venait que d'une indisposition, j'ai entendu parler d'un fameux médecin qui traite avec suc-cès la misanthropie.

L'INCONNU.

Ce n'est point là le cas où je me trouve, mon bon ami !

FRANTZ.

Ainsi, vous êtes donc réellement malheureux? et avec cela si bon! C'est une chose, en vérité, bien affligeante.

L'INCONNU.

Je souffre sans l'avoir mérité.

FRANTZ.

Mon pauvre maître !

L'INCONNU.

As-tu oublié ce que le vieillard nous disait ce matin ? « Il est encore une autre, une meilleure vie. » Espérons et sachons souffrir.

FRANTZ.

Allons, espérons.

L'INCONNU.

Frantz !

FRANTZ.

Mon maître !

L'INCONNU.

Il faut partir d'ici.

FRANTZ.

Où irons-nous ?

L'INCONNU.

Dieu le sait.

FRANTZ.

Je suis prêt à vous suivre.

L'INCONNU.

Partout.

FRANTZ.

Jusqu'au tombeau.

L'INCONNU.

Que le ciel t'entende ! le repos n'est que là.

FRANTZ.

Le repos est partout. Qu'importe la tempête au dehors, si l'âme est tranquille ? Et puis, ne sommes-nous pas aussi bien, et même mieux, ici, que dans tout autre coin du monde ?

L'INCONNU.

Non. Voilà le château habité maintenant. Ces êtres, qui ne savent pas jouir du plaisir de la solitude me regarderaient comme un personnage ridicule. Je ne veux point me donner en spectacle.

FRANTZ.

Permettez, mon cher maître : vous voulez un peu trop voir les choses à votre manière. Peut-être cette compagnie n'est-elle pas pour long-temps au château : peut-être est-ce un essaim de frelons échappés du grand monde ; ils ne viennent point cueillir ici les fleurs de la solitude ; c'est la mode qui les y amène ; l'automne et leur goût les ramènera dans leur tourbillon.

L'INCONNU.

Ta plaisanterie devient amère.

FRANTZ riant.

Il faut bien un peu de sel dans la conversation.

L'INCONNU.

Tu me fais soupçonner que lorsqu'il manque un objet à ta raillerie, tu l'exerces sur moi. Je ne te connaissais pas encore de ce côté-là.

FRANTZ.

Fort bien : retombez dans votre défiance de tous les hommes ; mais, mon cher maître....

L'INCONNU.

Ne vois-tu pas avancer dans la grande allée des plumes, des uniformes ? Je me sauve ; je ne reste plus ici.

FRANTZ.

Soit. Faisons nos paquets.

L'INCONNU.

Et le plus tôt vaut le mieux. Si je tardais, il faudrait me renfermer pour me dérober à ce voisinage importun ; et je ne m'étonnerais point qu'on fût assez indiscret pour pénétrer, malgré moi, jusque dans ma retraite. (*S'en allant.*) Frantz, je vais me mettre sous le verrou.

FRANTZ.

Et moi, je fais sentinelle en dehors.

SCÈNE II.

FRANTZ seul.

Il a raison, mon maître, ils viennent de ce côté. C'est sûrement à nous qu'ils en veulent.... Au reste, ils auront beau m'interroger, et j'aurai beau leur répondre, ils n'apprendront rien de moi, puisque je ne sais rien moi-même.

SCÈNE III.

FRANTZ, LA COMTESSE, LE MAJOR qui lui donne le bras.

LA COMTESSE au Major.

J'aperçois un étranger, c'est probablement le domestique.

LE MAJOR.

Mon ami, pourrait-on parler à votre maître ?

FRANTZ.

Non.

LE MAJOR.

On ne lui demande que quelques minutes.

FRANTZ.

Il s'est renfermé.

LA COMTESSE.

Dites-lui que c'est une dame qui lui demande cette grâce.

FRANTZ.

Cela ne le déterminera point.

LA COMTESSE.

Est-ce qu'il hait notre sexe ?

FRANTZ.

Il hait la race humaine.

LA COMTESSE.

Pourquoi donc ?

FRANTZ.

Il peut avoir été trompé.

LA COMTESSE.

Mais cela n'est pas galant.

FRANTZ.

Mon maître n'est point galant ; mais quand l'occasion se présente de sauver la vie à quelqu'un, il le fait, même en exposant la sienne.

LE MAJOR.

Cela vaut beaucoup mieux qu'une froide galanterie. Ce n'est point aussi le motif d'une vaine politesse qui nous conduit ici. L'épouse et le beau-frère de celui dont il a sauvé les jours, désirent lui témoigner leur reconnaissance.

FRANTZ.

Il n'aime point cela.

LA COMTESSE.

C'est un homme bien singulier !

FRANTZ.

Qui n'a d'autre désir que de vivre dans le repos et dans la solitude.

LA COMTESSE.

Quoi qu'il en soit, je désirerais le voir, savoir qui il est.

FRANTZ.

Et moi aussi.

LA COMTESSE.

Comment ? vous-même ne le connaissez pas ?

FRANTZ.

Oh! pardonnez-moi, madame, je le connais très-bien, c'est-à-dire, ce qui est lui précisément, son cœur, son âme ; car.... croyez-vous, madame, qu'on connaît un homme, quand on sait son nom ?

LA COMTESSE.

Fort bien, mon ami, je vous écoute avec plaisir, et je serais charmée de vous connaître mieux. Qui êtes-vous donc ?

FRANTZ.

Je suis.... votre très-humble serviteur.

SCÈNE IV.

LA COMTESSE, LE MAJOR.

LA COMTESSE.

C'est sans doute une manie de singularité qui réduit cet homme à s'enfermer dans cette cabane.

LE MAJOR.

Et nous voyons ici que le domestique ne fait qu'imiter son maître.

LA COMTESSE.

Allons, mon frère, allons rejoindre mon mari ; il vient avec madame Miller par la prairie.

LE MAJOR.

Deux mots auparavant, ma chère sœur. Nous avons été

interrompus par l'accident arrivé à ton mari, et je n'ai pu
apprendre de toi ce qu'il importe tant à mon cœur de savoir :
dis-moi, qui est-elle cette dame Miller dont la vue et l'entretien m'ont également charmé ? qui est-elle ? parle, je t'en
conjure.

LA COMTESSE.

Ce qu'est madame Miller ? je te l'ai déjà dit, mon ami, je
n'en sais rien. Cela t'étonne ? c'est pourtant l'exacte vérité.
Quand elle s'est présentée chez moi, elle m'a paru plongée
dans la plus profonde tristesse. Je ne l'ai point pressée de
m'en dire la cause, parce que le secret d'un malheureux est
presque toujours son malheur même, et qu'il est du devoir
d'une âme sensible d'en distraire celui qui souffre en éloi-
gnant de lui l'objet de sa douleur.

LE MAJOR.

Mais comment l'as-tu reçue chez toi ?

LA COMTESSE.

Le voici. Il y a trois ans qu'ici, sur le soir, on m'annonça
une jeune étrangère qui demandait avec instance la grâce de
me parler en particulier : j'agréai la visite. Madame Miller
parut avec ce maintien, cette modestie qui t'ont d'abord
charmé ; mais tous ses traits portaient alors l'empreinte vi-
sible des tourmens secrets qui semblent s'être convertis depuis en une douce mélancolie. Elle se jeta à mes pieds, et
me pria de sauver une infortunée prête à céder au désespoir.
Touchée par ses pleurs et sa jeunesse, je la reçus chez moi,
sans la presser de questions affligeantes ; mais je m'attachai
seulement à bien connaître son âme, et je vis qu'elle était
digne de servir de temple à la vertu. Dès lors j'en fis, non
ma femme de chambre, comme elle me l'avait demandée,
mais mon amie. Un jour qu'elle m'accompagnait à la promenade, je surpris dans ses yeux le ravissement paisible où
les beautés de la nature paraissaient plonger son âme. Je lui
proposai de rester au château, et d'en diriger l'économie
intérieure. Elle prit ma main, la pressa contre ses lèvres
avec une ardeur extraordinaire ; son âme reconnaissante se
peignit dans ses larmes muettes. Depuis ce moment, elle
n'est pas sortie d'ici ; elle y fait en secret beaucoup de bien,
et elle est adorée de tous ceux qui l'approchent. Voilà, mon
cher ami, tout ce que je sais, et tout ce qu'il m'est possible
de t'apprendre.

LE MAJOR.

C'est trop peu, sans doute, pour satifaire entièrement ma curiosité ; mais c'est assez pour me déterminer.... Ma sœur, seconde-moi.... aide-moi à la connaître ; qu'elle tienne à une famille honnête, je l'épouse.

LA COMTESSE.

Toi !

LE MAJOR.

Moi.

LA COMTESSE.

Mon frère !....

LE MAJOR.

Ma sœur !.... si je t'entends bien....

LA COMTESSE.

Doucement, mon frère,.... ces maximes sur l'égalité des états ne me sont point étrangères ; mais nous vivons en société, et il faut savoir lui sacrifier....

LE MAJOR.

Prêche-moi tout à ton aise ce protocole de la vanité ; voici ma réponse : une passion aussi invincible qu'elle fut prompte, me subjugue et m'entraîne. Je ne répugne point à m'ensevelir dans une honnête et paisible obscurité, pourvu que je trouve chez moi la paix et le bonheur.

LA COMTESSE.

Tu sens bien, mon frère, que ce beau raisonnement n'est pas sans réplique. Tu dois quelque chose à ta famille, à tes amis....

LE MAJOR l'interrompant.

Je dois le bonheur à mes enfans, à moi-même ; et pour le faire, je n'ai pas besoin de titres, je consulterai mon cœur.

LA COMTESSE.

Mais, dans ce moment, l'amour égare ta raison et ne lui permet pas de prévoir ce qui peut contrarier tes vues, peut-être même les détruire.

LE MAJOR.

Et quoi, ma sœur ?

LA COMTESSE.

Madame Miller agréera-t-elle ta recherche ?

LE MAJOR.

C'est en cela même, chère sœur, que j'ai besoin de ton secours. (*Lui prenant la main.*) Ma bonne Henriette, tu connais mon cœur; il dédaigna toujours une fade galanterie. L'amour, ou ce qui en usurpe le nom, ne fit jamais sur moi de bien vives impressions, et je n'ai bien connu que les douceurs de l'amitié; maintenant j'aime au point de ne plus espérer de bonheur, que dans cette union désirée : laisse donc là toutes tes réflexions, et sers-moi.

LA COMTESSE.

Je te le promets, même en ne t'approuvant pas; mais je suis bien loin de t'assurer le succès de ma démarche. (*Apercevant le comte et madame Miller.*) Ah! peu s'en faut que nous ayons été surpris. Les voici.

SCÈNE V.

Les mêmes, LE COMTE, EULALIE.

LE COMTE.

Tudieu! madame, vous êtes une excellente piétonne! Je ne suis point en état de lutter contre vous à la course.

EULALIE.

Cela dépend de l'habitude, monsieur, et cet exercice ne vous coûterait rien, si vous en aviez pris l'usage pendant cinq ou six semaines.

LE COMTE.

Où est donc Bittermann, que je lui fasse mon compliment sur la solidité de son pont chinois; ma foi, je lui suis redevable d'une jolie culbute.

LA COMTESSE.

Mais où donc étiez-vous? nous allions vous chercher.

LE COMTE.

Où nous étions? Ma foi, ma chère amie, quand on fait route avec madame Miller, on ne sait guère où l'on est.

EULALIE.

J'ai conduit M. le comte sur une colline, du sommet de laquelle on a la vue de la prairie et du ruisseau qui la fertilise par cent détours.

LE COMTE.

Oui, oui, la vue en est très-belle; et se trouver avec madame Miller, l'écouter décrire d'une manière poétique, ẻt mẻme àvec enthousiasme, les beautés de la campagne, cela est encore plus agréable. Mais ne m'en sachez pas mauvais gré, je n'y retournerais pas volontiers : je suis, en vérité, fatigué de la course.... et de mon saut périlleux.

LE MAJOR.

Eh bien, retournons au château.

LE COMTE.

Ma foi ! je suis assez las pour faire halte, et assez altéré pour désirer me rafraîchir sans quitter la place. Que vous en semble, Major ? Si nous nous faisions apporter, sous la feuillée, un flacon de bière anglaise ?

LA COMTESSE.

Vous avez là une très-bonne idée ; et, nous autres femmes, nous allons faire encore quelques tours de promenade, mais sans nous éloigner.

(Elle fait à son frère un signe d'intelligence.)

LE COMTE.

Eh ! mais nous voilà bien ! nous n'avons personne pour envoyer au château : c'est que je n'aime pas à avoir toujours un grand fainéant derrière moi ; je suis pourtant fâché de ne pas m'être fait suivre par quelqu'un. Eh ! je crois apercevoir Peters qui secoue un poirier. Hé, Peters ! Peters !

PETERS, sans être vu, criant de loin.

Hé ! qui m'appelle ?

LE COMTE.

Viens à nous, par ici. Tu mangeras le reste une autre fois.

PETERS, sans être vu, de loin.

J'arrive.

LE COMTE à PETERS.

Vite, vite.

SCÈNE VI.

LES MÊMES, PETERS.

PETERS accourant les mains pleines de poires.

Me voilà.

LE COMTE.

Cours au château, vas chercher un flacon de bière anglaise ; tu nous l'apporteras là-bas sous le berceau. (*Il montre la coulisse à gauche des acteurs.*)

PETERS.

J'entends, j'entends bien. (*Il sort.*)

SCÈNE VII.

LE COMTE, LA COMTESSE, LE MAJOR, EULALIE.

LE COMTE.

Mesdames, quand il vous plaira nous rejoindre pour retourner au château, vous nous retrouverez là, toujours à vos ordres, et disposés à vous obéir. Allons, Major.

LE MAJOR.

Allons, Comte, je vais vous tenir tête.

(Le COMTE s'éloigne ; le MAJOR le suit, en faisant des signes à sa sœur, qui les lui rend.)

SCÈNE VIII.

LA COMTESSE, EULALIE.

LA COMTESSE.

Eh bien, ma chère madame Miller, comment trouvez-vous l'homme qui nous quitte?

EULALIE.

Qui, madame?

LA COMTESSE.

Mon frère.

EULALIE.

Il me paraît mériter de l'être.

LA COMTESSE.

Ceci est une politesse qui ne peut me surprendre de votre part.

EULALIE.

Sans compliment, madame, je le regarde comme un très-brave et très-honnête homme.

LA COMTESSE.

Et même comme un homme de bonne mine.... n'est-ce pas?

EULALIE avec une indifférence polie.

Mais oui.

LA COMTESSE contrefaisant EULALIE.

Mais oui ? c'est comme qui dirait mais non ; je dois cependant vous dire qu'il vous regarde, lui, comme une femme très-aimable. Vous ne dites rien à cela ?

EULALIE.

Que dirais-je ? Une raillerie désobligeante ne peut sortir de votre bouche : ce n'est donc qu'un innocent badinage ; et je suis si peu disposée à m'y prêter....

LA COMTESSE.

Et tout aussi peu faite pour en être l'objet ; non, je vous ai parlé sérieusement.... Eh bien ?

EULALIE.

Vous m'embarrassez, madame. Je n'affecterai point une ridicule et fausse modestie ; il fut un temps où l'on pouvait trouver en moi les avantages de la figure ; mais.... de longs chagrins ont altéré mes traits. Ah ! c'est la paix du cœur qui répand le charme le plus séduisant sur le visage d'une femme. Le regard qui subjugue un honnête homme, ne doit être que l'expression d'une âme irréprochable.

LA COMTESSE avec une bonté affectueuse.

Que le ciel me conserve toujours un cœur aussi pur que celui qui se peint dans vos yeux !

EULALIE comme frappée d'un égarement subit.

Ah ! que le ciel vous en préserve !

LA COMTESSE étonnée.

Comment ?

EULALIE avec des larmes retenues.

Pardonnez, madame,... je suis une infortunée ;... trois années de douleurs ne me donnent aucun droit à l'amitié d'une âme noble ;... mais elles m'en donnent à sa commisération.... Épargnez-moi.... (*Elle veut s'éloigner.*)

LA COMTESSE avec beaucoup d'amitié.

Demeurez, ma chère madame Miller, demeurez, il le faut ; ce que j'ai à vous dire mérite toute votre attention. L'accusation que vous semblez porter contre vous-même ne m'épouvante point. Vous ressemblez un peu à ce bon philosophe, qui voyait toujours l'enfer près de lui ; mais cet enfer n'était que dans son imagination.

EULALIE.

Ah!.... je le porte partout avec moi dans le fond de mon cœur.

LA COMTESSE avec bonté.

L'amitié est toujours si consolante!... C'est pour la première fois que, depuis trois ans, je viens à vous demander votre confiance ; je m'étais interdit, à votre égard, une indiscrète curiosité. Maintenant un intérêt très-pressant m'anime ; c'est avec toute la tendresse d'une sœur que je vous engage de vous ouvrir à moi.... Mon frère vous aime.

EULALIE avec saisissement, et regardant fixement la COMTESSE.

Si c'est un badinage, il est poussé trop loin... Si vous dites vrai, rien n'est plus affligeant pour moi.

LA COMTESSE.

Avant de chercher à pénétrer plus avant dans votre confidence, permettez-moi de vous tracer le caractère de mon frère : je vous donne ma parole que ce ne sera pas la main d'une sœur qui conduira le pinceau. Vous pourriez le soupçonner de légèreté, puisque, vous voyant aujourd'hui pour la première fois, il s'est aussi violemment épris ; mais, ma chère, mon frère, quoique jeune encore, est un homme sérieux, et dont les principes sont éprouvés. Il voulait un cœur heureusement formé par la nature, et un esprit cultivé par l'éducation ; ce double avantage l'a frappé en vous. Votre secrète bienfaisance dont il a été le témoin... Je ménage cette rougeur aimable qui, dans ce moment, couvre vos traits. Enfin, mon frère aspire à votre main ; son bonheur dépend de vous seule, et je suis sa caution. Jugez si je ne suis pas intéressée à vous demander votre confiance. Donnez-la-moi donc toute entière ; vous ne risquez rien ; déposez vos peines dans mon sein, je les partagerai s'il le faut ; je les adoucirai si je le puis.

EULALIE.

Ah! je le sens ; le sacrifice le plus pénible qu'impose un vrai repentir, c'est de renoncer volontairement à l'estime d'une belle âme. (A part.) Je veux.... je veux faire ce sacrifice.... il commencera la juste expiation de mes fautes. (A la comtesse en hésitant.) N'entendîtes-vous jamais parler.... pardonnez.... N'entendîtes-vous jamais.... Oh! qu'il est dur de détruire une illusion à laquelle seule je dois vos bontés.... mais il le faut. Eulalie ! l'orgueil peut-il te convenir encore? Ne vous parla-t-on jamais d'une baronne de Meinau?.....

LA COMTESSE.

Qui vivait dans un cour voisiue ? Oui, j'en ai beaucoup entendu parler: c'est elle , je crois, qui a fait le malheur d'un bien honnête homme.

EULALIE avec exclamation.

Oh dieu !.... ah ! oui, d'un bien honnête homme.

LA COMTESSE.

Elle disparut avec un malheureux qui l'avait séduite....

EULALIE.

Oui.... ce fut elle... (*Hors d'elle-même , et dans un mouvement violent , elle se précipite aux pieds de la comtesse.*) Ne me repoussez pas.... je ne veux qu'une place obscure où je puisse mourir.

LA COMTESSE reculant un peu.

Grand dieu ! .... vous êtes....

EULALIE.

Je suis cette odieuse créature.

LA COMTESSE se détourne avec un mouvement involontaire d'horreur, et fait quelques pas en laissant EULALIE à ses pieds ; la compassion la retient et la ramène.

Quoi ! vous seriez.... mais elle est accablée.... le remords la déchire. Ah ! loin de moi cette rigueur extrême qui fait repousser les malheureux! (*Elle la regarde avec attendrissement.*) Levez-vous, je vous prie, levez-vous, mon frère et mon mari ne sont pas éloignés ; cette scène ne veut pas de témoins : j'approuve le silence dans lequel vous vous êtes enfermée.... Levez-vous. (*Elle la relève.*)

EULALIE avec le cri d'une douleur étouffée.

Ah ! ma conscience !... ma conscience !... rien ne peut apaiser ses cris vengeurs. (*Saisissant avec ardeur la main de la comtesse.*) Ne me repoussez pas.

LA COMTESSE avec douceur.

Non , je ne vous repousserai pas : non. Votre conduite pendant trois années , votre chagrin muet et profond, vos remords mêmes, n'effacent point votre faute ; mais mon cœur ne vous refusera pas une place où, sans être distraite, vous puissiez pleurer la perte d'un époux.... Ah ! sans doute, la perte irréparable !....

EULALIE avec le désespoir de l'égarement.

Irréparable !

7

LA COMTESSE.

Malheureuse femme !

EULALIE du même ton.

J'avais aussi des enfans.

LA COMTESSE.

C'est assez.... c'est assez.

EULALIE.

Dieu sait s'ils vivent encore !

LA COMTESSE.

Pauvre mère !

EULALIE.

J'avais l'époux le plus aimable !

LA COMTESSE.

Revenez à vous.

EULALIE.

Dieu sait s'il vit, ou s'il n'est plus !

LA COMTESSE à elle-même.

Quel égarement se peint dans ses regards !

EULALIE.

Il est mort pour moi !

LA COMTESSE à elle-même.

Le remords l'accable.

EULALIE.

J'avais un bon père....

LA COMTESSE avec force.

Au nom de Dieu, cessez....

EULALIE.

Son horreur pour moi lui a coûté la vie.

LA COMTESSE à elle-même.

Ah ! que la vertu outragée se venge cruellement !

EULALIE, dont les larmes se font enfin passage, et couvrant son visage de ses mains.

Et moi !.. je vis encore !

LA COMTESSE.

Ah ! qui pourrait haïr celle qui se repent ainsi ! (*La serrant dans ses bras*) : Non, vous ne fûtes peut-être point si criminelle.... L'instant de votre égarement fut un songe... une ivresse... une illusion....

EULALIE.

Non, non : vouloir diminuer l'horreur de mon crime, c'est me porter un nouveau coup de poignard. Ah ! jamais ma conscience ne me tourmente plus cruellement que lorsque ma raison s'égare à me chercher des excuses : il n'en peut être, il n'en est point pour moi; le seul et triste repos de mon cœur est de me pénétrer de toute l'horreur que j'inspire, et que j'ai méritée.

LA COMTESSE.

Ces expressions sont bien celles du vrai repentir !

EULALIE.

Ah ! si vous aviez connu mon époux !... Lorsque je le vis pour la première fois.... il réunissait la noblesse des sentimens à la beauté des traits. J'avais à peine quinze ans....

LA COMTESSE.

Votre union ?

EULALIE.

Suivit de près.

LA COMTESSE.

Et votre fuite ?

EULALIE.

J'étais son épouse depuis deux ans.

LA COMTESSE.

O ma chère ! c'est à votre extrême jeunesse que doit s'imputer une erreur dont votre cœur est incapable.

EULALIE.

Non, ma jeunesse ne me justifie point. (*Jetant un regard vers le ciel*): O mon respectable père ! ce serait t'accuser de ma faute : non. Tu avais gravé dans mon cœur les principes sacrés de l'honneur et de la vertu. Tes sages leçons m'avaient prémunie contre les dangers de la flatterie et de la séduction.

LA COMTESSE.

Ah ! l'inexpérience peut-elle s'en garantir ? Non, non : trop souvent l'éducation la plus soignée fut impuissante contre les piéges d'un adroit corrupteur.

EULALIE avec explosion.

Et voilà ce qui est incompréhensible dans ma fatale aventure. L'auteur, le complice de ma funeste erreur ne pouvait, à aucun égard, soutenir la comparaison avec mon digne époux ; mais, profondément versé dans l'art de la sé-

duction, il savait me peindre, sous les plus odieuses cou-
leurs, l'économie, la bienfaisance, la raison, toutes les
vertus de cet homme respectable. Mais celui-ci ne se prêtait
pas à mes caprices; il me refusait les équipages, les vaines
parures, auxquelles nous attachons tant de prix. L'éloquence
empoisonnée de mon corrupteur présenta ces objets de luxe
à ma vanité, qu'il avait eu l'art d'exciter. J'abandonnai mes
enfans, mon père... mon époux.... pour suivre... qui ?...
Ah! le ciel s'en est bien vengé, depuis qu'il m'a permis
d'ouvrir les yeux sur mon affreuse conduite! Tous les tourmens sont dans mon cœur. (*Avec un sombre égarement,
et montrant son cœur*). Je sens là, là... Mais je ne m'en
plains pas, ô mon Dieu! je les ai bien mérités!

LA COMTESSE.

Mais, avec une âme comme la sienne, mon amie n'a pas
dû voir prolonger son erreur ?

EULALIE.

Assez pour ne la pouvoir jamais expier. Ah! sans doute,
mon ivresse fut bientôt dissipée. Dans l'amertume de mes
regrets, j'invoquai le nom de l'homme honnête que j'avais
outragé.... mais en vain. Je cherchai à entendre les gémisse-
mens de mes pauvres enfans.... mais en vain...

LA COMTESSE l'interrompant.

Laissons là ces souvenirs pénibles. Je devine la fin de votre
triste aventure.... Vous vous dérobâtes à votre séducteur ?

EULALIE.

Je ne pouvais plus supporter l'état horrible où j'étais
tombée : je m'échappai. Je vins chercher un asile auprès de
la vertu généreuse, qui me donna cette retraite, où il me
fut permis de pleurer, et qui ne me refusera pas un petit es-
pace où je puisse mourir.

LA COMTESSE avec sensibilité,

C'est ici, c'est dans mon sein que désormais couleront vos
larmes : puissé-je adoucir votre sort! puissé-je faire encore
luir à vos yeux un rayon d'espérance !

EULALIE avec le cri du désespoir.

Ah! jamais, jamais !

LA COMTESSE.

Et depuis, n'avez-vous rien su de votre époux ?

EULALIE.

Rien. Il abandonna le séjour que j'avais rempli de ma honte, et l'on ne sait ce qu'il est devenu.

LA COMTESSE.

Et vos enfans !

EULALIE.

Il les emmena avec lui.

LA COMTESSE.

Je veux prendre des informations ; je veux... Paix ! voici mon frère et mon mari. (*A part.*) Oh ! mon pauvre frère ! quel chagrin pour toi ! (*A Eulalie.*) Allons, ma chère.... ma chère Eulalie, contraignez-vous, et, s'il se peut, prenez une contenance plus tranquille.

SCÈNE IX.

LES MÊMES, LE COMTE, LE MAJOR. Ils se placent entre les deux dames. (LE MAJOR cherche avec inquiétude les regards de sa sœur, qui évite les siens.)

LE COMTE.

Eh bien ! mesdames, ne reprenons-nous pas le chemin du château ?

LA COMTESSE encore émue de la scène précédente.

Nous sommes prêtes à vous suivre.

LE COMTE.

Comtesse, et l'étranger l'aurons-nous à souper ?

LA COMTESSE.

Nous n'avons pu le voir, ni lui parler.

LE COMTE.

C'est un singulier personnage ! Mais n'importe, il faut absolument que je lui témoigne ma reconnaissance. Obligez-moi, cher Major : remenons ces dames, et venez vous-même le presser de ne pas se refuser à mes instances. C'est pour ménager sa délicatesse, que je ne vais pas lui présenter moi-même l'objet de ses soins généreux ; mais, s'il vous refuse, ma foi, j'irai le forcer dans sa retraite.

LE MAJOR.

J'accepte cette commission avec bien du plaisir, mon frère : le service qu'il vous a rendu, est de ceux qui ne s'effacent jamais dans des cœurs sensibles à l'amitié.

(Le COMTE donne la main à EULALIE, qui affecte une sorte de sérénité : Le MAJOR donne le bras à sa sœur, qui n'ose le regarder. Par la position, la COMTESSE se trouve, en s'en allant, auprès d'EULALIE, et lui passe le bras autour du corps, avec amitié.)

FIN DU TROISIÈME ACTE.

ACTE QUATRIÈME.

SCÈNE I.

FRANTZ, seul.

(Il entre avec un petit panier couvert, dans lequel est le repas qu'il se propose de faire sur la verdure.)

Ma foi, cette vie uniforme et paisible me plaît fort. Cela vaut mieux que les agitations de ma vie passée. Ici, l'appétit et le repos de l'âme assaisonnent un repas frugal que j'aime à prendre sous un ciel serein. (*Comme il se dispose à ouvrir son panier, il aperçoit le major*.) Eh bien! ne voilà-t-il pas qu'on vient encore me troubler?

SCÈNE II.

FRANTZ, LE MAJOR.

LE MAJOR.

Mon ami, il faut que je parle à votre maître.

FRANTZ.

C'est en quoi je ne puis vous servir.

LE MAJOR.

Et pourquoi ?

FRANTZ.

Cela m'est défendu.

LE MAJOR voulant lui donner de l'argent.

Vous n'obligerez point un ingrat : annoncez-moi.

FRANTZ refusant.

Je n'ai nul besoin d'argent.

LE MAJOR affectueusement.

Cédez donc à mes prières ; ayez, je vous prie, la complaisance de m'annoncer.

FRANTZ.

Votre ton m'intéresse, monsieur, et je ne me refuserais
pas à votre demande, si je pouvais en attendre ce que vous
désirez ; mais j'essuierai des reproches, et je n'aurai qu'une
réponse désobligeante à vous rapporter.

LE MAJOR.

Qui sait ? Dites à votre maître que je ne lui demande que
le sacrifice de quelques minutes ; que je ne songe point à
l'importuner ; que je suis un militaire aussi franc qu'il est
généreux ; dites-lui... tout ce que l'on peut dire pour le déterminer à me voir un instant : si votre maître est un homme
du monde, il ne souffrira point qu'on l'attende en vain.

FRANTZ après un petit silence.

Allons, monsieur, je vais tenter de vous servir.

SCÈNE III.

LE MAJOR, seul.

Et mais, s'il vient, s'il m'écoute, de quelle manière entamer l'entretien ? Je ne me rappelle pas d'avoir rencontré de
misanthrope aussi décidé. Comment s'y prendre avec un
homme à qui l'univers et lui-même sont devenus insuppor-
tables ? Voyons.... prenons un visage ouvert, amical, pas
trop timide, pas trop assuré : en s'annonçant de la sorte, on
ne peut au moins désobliger personne.

SCÈNE IV.

LE MAJOR, L'INCONNU, FRANTZ.

(FRANTZ montre de loin le MAJOR à l'INCONNU, et se retire.)

L'INCONNU d'un air sombre et d'un ton sérieux.

Qu'y a-t-il pour votre service ?

LE MAJOR.

Pardonnez, monsieur, si... (*Le reconnaissant en un clin-
d'œil.*) Que vois-je, est-ce toi, Meinau ?

MEINAU.

Horst ? (*Ils se jettent dans les bras l'un de l'autre.*) Mon
ami !

LE MAJOR.

Est-ce bien toi, mon bon ami?

MEINAU.

C'est moi-même.

LE MAJOR le considérant.

Eh ! bon dieu! quels chagrins ont altéré tes traits?

MEINAU du ton le plus sombre.

La main du malheur s'est appesantie sur moi.... (*A lui-même.* Paix.... paix. (*A Horst.*) Par quel événement te vois-je en ces lieux ? que me veux-tu?

LE MAJOR.

Rien de plus étonnant. J'étais ici à rêver à la manière dont j'aborderais un sauvage inconnu, et voilà que je me trouve dans les bras de mon cher Meinau.

MEINAU.

Ce n'est donc pas moi que tu cherchais? tu ne savais donc pas que j'habitais cette cabane solitaire ?

LE MAJOR.

Non, mon ami. Tu as sauvé ce matin la vie à mon beau-frère. Une famille reconnaissante souhaitait te voir au milieu d'elle ; tu t'es refusé à voir ma sœur qui venait tantôt te prier de t'y rendre ; et, pour tenter un dernier moyen, on m'a chargé de venir te faire encore une invitation. Voilà l'incident dont le sort s'est servi pour me rendre un ami que je regrettais depuis si long-temps, et dont mon cœur avait aujourd'hui le plus grand besoin.

MEINAU.

Oui, je suis ton ami, ton véritable ami; tu es un brave homme, un homme rare ; mon cœur est pour toi ce que tu l'as connu.... Horst! cette assurance t'est-elle agréable et chère?.... Prouve-le-moi en m'abandonnant, et ne revenant plus ici.

LE MAJOR.

Tout ce que je vois, tout ce que j'entends est une énigme pour moi. C'est toi, Meinau, ta figure, gravée dans mon cœur, frappe mes regards ; mais ce ne sont plus là ces traits qui, pendant notre séjour en France, caractérisaient l'homme le plus aimable, et lui faisaient des amis avant même que son entretien vînt achever l'impression que sa vue ne manquait jamais de produire.

8

MEINAU.

Tu oublies que tu parles d'un temps déjà bien éloigné de nous.

LE MAJOR.

. Eh ! mon ami , quel langage? Tu n'as pas trente-cinq ans... mais pourquoi évites-tu mes regards? Ceux de l'amitié peuvent-ils te blesser? Crains-tu que tes yeux ne soient aux miens le miroir de ton âme ? Et qu'est devenu cet œil de feu qui lisait autrefois dans tous les cœurs ?

MEINAU avec le rire le plus amer.

Ah ! oui ! oui ! je fus habile , moi , à lire dans les cœurs.

LE MAJOR.

Ah ! ciel ! ce sourire funeste vient d'ajouter encore à l'agi-tation de tes traits. Ami ! que t'est-il donc arrivé ?

MEINAU avec une fausse légèreté.

Les événemens les plus ordinaires.... le cours du monde.... des avantures.... communes.... Horst! si tu ne veux pas exciter ma haine, épargue-moi tes questions ; et si tu veux conserver mon amitié , abandonnes-moi pour jamais.

LE MAJOR.

Quels discours et quel spectacle ! Je t'en conjure, Meinau , réveille en toi les idées assoupies de nos plaisirs passés ; que ton cœur se ranime et t'avertisse de la présence d'un ami. Retrace-toi ces jours fortunés que nous avons passés ensemble, ces heures paisibles où , dans nos promenades solitaires , le spectacle de la nature embellie, pénétrant nos âmes , et les disposait aux douces impressions de la bienveillance et de l'intimité. C'est dans ces momens heureux que se forma le lien qui nous unit pour la vie : ne t'en souviendrait-il plus?

MEINAU avec une sombre sensibilité.

Je m'en souviens.

LE MAJOR.

Suis-je devenu indigne de ta confiance? N'étions-nous que des amis du jour, qu'unissent, pour un moment, le plaisir, le hasard ou le caprice? N'avons-nous pas bravé la mort en-semble?... Charles ! il en côute à mon cœur de te rappeler tous mes droits sur le tien. Reconnais-tu cette cicatrice? (*Il se découvre l'avant-bras.*)

MEINAU l'embrassant.

O mon frère ! ce fut le coup qui devait faire sauter ma tête. Je ne l'ai point oublié... Tu ne savais pas quel fatal présent tu faisais à ton ami !

LE MAJOR.

Parle, je t'en conjure.

MEINAU.

Tu ne peux rien pour moi.

LE MAJOR.

Je puis m'affliger avec toi.

MEINAU.

C'est ce que je ne veux point. Je n'ai moi-même plus de larmes à répandre.

LE MAJOR.

Tu as à déposer tes secrets dans mon cœur, et le tien sera soulagé.

MEINAU du ton le plus sombre.

Le mien n'est plus qu'un tombeau déjà fermé : laisse, ami, s'y consumer ce qu'il renferme : pourquoi le, rouvrir au jour ?

LE MAJOR.

Pour te rendre une existence nouvelle, que tu devras à l'amitié. Sous quel extérieur te retrouvé-je? Rougis de toi-même.... Un homme qui fut doué de tant de raison, se laisse abattre et fouler de la sorte par un sort capricieux ! Non, ce n'est point là Meinau, mon frère d'armes, mon mentor, mon ami ! La noblesse, la fierté de son caractère, devaient l'élever au-dessus de l'injustice des hommes, et des coups du destin.

MEINAU après un silence.

Écoute-moi. Qu'un monde qui m'est à jamais étranger, pense de moi ce qu'il voudra, rien ne m'est plus indifférent: mais, je le sens, tu ne dois point quitter l'ombre de ton ami, sans connaître ce qui rompît tous les liens qui l'attachaient à la vie. Frère ! je me séparai de toi en me retirant du service de France ; depuis ce moment, le bonheur m'échappa sans retour. Rappelé dans mon pays, je me livrai au séduisant espoir d'être utile à ma patrie. Des abus étaient sentis, des réformes étaient désirées ; je m'en occupai, je fis des mécontens ; et j'acquis la certitude affreuse qu'on peut exciter la haine sans la mériter. Frappé de cette insuppor-

table idée, je me tus, je ne blâmai plus rien.... Prudence
tardive ! Les hommes ne pardonnent pas qu'on ait voulu paraître plus sage qu'eux. Je me repliai sur moi-même; je vécus
solitaire. L'on m'avait fait lieutenant-colonel, parce qu'on
voulait s'assurer que je jouirais de ma fortune au sein de ma
patrie. Je remplis mes devoirs militaires avec exactitude,
avec zèle, mais sans prétention, sans dessein de me faire re-
marquer. Mon colonel mourut : il se trouvait plusieurs offi-
ciers de mon grade, qui avaient plus de service que moi ; je
m'attendais à voir l'un d'eux à la place vacante, et j'en eusse
été satisfait : mais la favorite... d'un homme en place avait un
jeune parent, fat, étourdi, présomptueux, et qui, depuis
six mois, avait endossé l'uniforme : on le mit à la tête du régiment. Tu conçois que je demandai et que j'obtins ma retraite. Il courut quelques plaisanteries amères sur un choix
généralement blâmé ; on me les imputa : je fus arrêté : je dé-
daignai de me justifier, je demeurai six mois en prison. Rede-
venu libre, je réalisai mes biens, et je quittai le pays. Armé
de la connaissance des hommes (je me l'imaginais), il me
parut facile de braver, en les fréquentant, le danger de leur
commerce. Cassel fut le séjour que je choisis. Tout m'y riait:
mon nom, mon caractère, ma fortune, m'y firent des amis...
Des amis !... Enfin, j'y trouvai une femme... une femme,
l'innocence même... le modèle heureux des qualités natu-
relles et de talens acquis. Elle atteignait à peine à sa quin-
zième année... Combien je l'aimai !... que je fus heureux par
elle !... Elle me rendit père d'un fils et d'un fille : la nature
les doua l'un et l'autre de la beauté de leur mère. Oui, je
connus alors le vrai bonheur. Ah ! (*Il essuie une larme.*)
Encore une larme ! je ne me flattais plus d'en répandre....
Achevons. Un de ceux que m'attachait le titre d'ami, et que
je regardais comme un homme d'honneur, me trompa, m'en-
leva la moitié de ma fortune. Je dévorai ma peine : je me ren-
fermai. Le contentement du cœur a besoin de peu de jouis-
sances extérieures ; je retranchai de ma table et de mes équipages un luxe inutile ; je bornai ma société ; j'y conservai
un jeune homme dont les procédés, le langage et la conduite
paraissaient justifier mon estime, que j'avais, en secret, sou-
tenu de mon argent ; que j'avais élevé aux emplois par mon
crédit.... Il séduisit ma femme et disparut avec elle... Tu
sais tout. En est-ce assez pour motiver ma misanthropie ? ou
ne te parais-je qu'un visionnaire ? Ah ! l'âme de Meinau pou-

vait supporter les injustices, braver les fers et la mort....
Mais que sont les fers et la mort auprès de l'infidélité d'une
épouse adorée ?

LE MAJOR.

Elle était indigne de toi, Meinau ! Répandre des pleurs
pour un femme infidèle, c'est un délire inexcusable.

MEINAU.

Donne aux affections que j'éprouve le nom que tu voudras,
le cœur ne se rend pas au langage de la froide raison....
Ah !... je l'aime encore....

LE MAJOR.

Où est-elle ?

MEINAU.

Je ne le sais, ni ne veux le savoir.

LE MAJOR.

Et tes enfans ?

MEINAU.

Je fais soigner leur première éducation dans un bourg
voisin de cette solitude ; je les ai confiés à une veuve d'un état
commun, en qui j'ai cru voir de l'honnêteté... et peu de lu-
mières.

LE MAJOR avec un léger sourire.

Encore un trait de misanthropie ! Mais pourquoi n'as-tu pas
gardé tes enfans auprès de toi ? ils eussent adouci quelques
instans de ta douloureuse existence.

MEINAU.

Leur présence, en m'offrant les traits de leur mère, n'eût
servi qu'à me retracer le souvenir pénible d'un bonheur éva-
noui. Je me prive de leur vue depuis trois ans. (*Avec toute
l'amertume de la misanthropie*) Je ne puis souffrir personne
autour de moi, ni l'enfant, ni le vieillard ; et si l'habitude
ne m'eût rendu comme indispensable le service d'un domestique, je n'aurais pas le mien... quoique je reconnaisse
qu'entre les méchans, il n'est pas le plus pervers.

LE MAJOR après un silence, et avec un regard douloureux sur son ami.

Je le sens : de vaines consolations ne sont point à l'usage
d'un cœur aussi profondément ulcéré : mais tu ne repous-
seras point celles de l'amitié : viens avec moi, ma famille
t'attend avec impatience.

MEINAU.

Moi ! me retrouver dans le commerce des hommes ! Horst!
ne me suis-je pas assez clairement expliqué ?

LE MAJOR.

J'en conviens : mais, sans abjurer tout sentiment de délicatesse, tu ne peux te refuser à l'invitation de mon beaufrère.

MEINAU.

Ami ! il est aussi des choses qu'il est plus aisé de prescrire
que de s'y résoudre. Si tu savais combien je souffre d'avance
de voir un être s'approcher de moi, sans que je puisse lui
échapper ! Oh ! laisse-moi, laisse-moi dans mon triste
repos !

LE MAJOR.

Plus tard.... demain même, fais ce qu'il te plaira ; mais
accorde-moi cette journée.

MEINAU sans dureté, mais d'un ton ferme.

Non, non.

LE MAJOR.

Je t'en conjure, Charles, ne refuse pas cette grâce à ton
sincère, à ton unique ami. C'est la seule... la dernière,
si tu le veux, que sollicitera ma vive et constante amitié.

MEINAU après un instant de réflexion.

Écoute, pardonne-moi une répugnance invincible à me
rendre à ce château pour m'y donner en spectacle. Je ne puis
cependant refuser de me trouver avec ta famille ; mais....
que ce soit une rencontre... un moment. Ramène-les vers ce
pavillon, dont on m'a permis la jouissance, mais où j'entre
peu. Qu'ils viennent s'y reposer. Je t'attends : quand tu les
y auras réunis, tu me présenteras.

LE MAJOR.

Tu devrais plus de complaisance à ton ami ; mais je me
flatte que l'accueil que tu recevras obtiendra que tu nous accompagnes.

MEINAU.

Garde-toi d'y compter. Je ne me prête à cette entrevue
que sous une condition.

LE MAJOR.

Laquelle ?

MEINAU.

Que demain tu me laisseras, sans obstacle, m'éloigner de
ces lieux.

LE MAJOR.

Quelle obstination cruelle !

MEINAU.

Engage-moi ta parole , ou je reprends ma promesse.

LE MAJOR.

Il le faut bien ; mais....

MEINAU.

Je vais t'attendre... Préviens ta famille que je ne songe point à parer mon extérieur.

LE MAJOR.

Et qu'importe ? C'est toi que mon frère veut embrasser... Paré de ta noble bienfaisance, laisse-toi serrer dans nos bras; ne repousse plus les expressions de la reconnaissance et les tendres soins de l'amitié. Embrassons-nous.... (*S'arrachant de ses bras*) Non , ce n'est point pour te perdre encore que je t'aurai retrouvé! (*Il sort.*)

SCÈNE V.

MEINAU seul.

Il fait sur la scène quelques tours en silence; il paraît absorbé : tout à coup il s'arrête, et appelle.

Frantz ! (*Il se promène encore.*)

SCÈNE VI.

MEINAU , FRANTZ.

FRANTZ arrivant.

Monsieur !

MEINAU.

Demain nous partons.

FRANTZ.

A la bonne heure.

MEINAU.

Peut-être pour un pays éloigné.

FRANTZ.

J'y consens.

MEINAU.

Peut-être pour une autre partie de l'univers.

FRANTZ.

Je suis prêt à vous suivre.

MEINAU.

Paisibles habitans de l'Océan pacifique, je veux me retirer chez vous. Le vol est, dit-on, votre unique faiblesse. Eh ! que m'importe ? vous ne me dépouillerez que d'un vain reste de richesses ; mon bien le plus précieux, le repos de ma vie, on me l'a pris en Europe. Oui, je veux m'ensevelir dans quelque séjour ignoré : quel qu'il soit, je serai bien partout où je ne trouverai pas les hommes et les mœurs des pays que l'on appelle civilisés.... Entends-tu, Frantz ? demain dès l'aurore....

FRANTZ.

J'entends.

MEINAU par réflexion,

Mais... Frantz ! il faut auparavant t'acquitter d'une commission aussi importante que délicate. Descends au village ; prends-y une voiture, et fais-toi conduire au bourg voisin, et chez la personne que cette adresse t'indique. (*Il tire une adresse de son portefeuille, et la lui donne.*) Tu peux être de retour avant le coucher du soleil. Je vais te donner un billet pour t'autoriser à retirer deux enfans : ce sont les miens.

FRANTZ.

Vos enfans, mon maître ?

MEINAU.

Tu les recevras des mains de leur gardienne, et tu me les amèneras.

FRANTZ étonné.

Vous avez des enfans ?

MEINAU.

Oui : qui peut donc t'étonner ?

FRANTZ.

Mais que, depuis trois ans que je suis à votre service, il ne vous soit pas échappé un mot à ce sujet !... Ainsi, vous avez donc été marié ?

MEINAU l'interrompant.

Ne me tourmente pas de questions inutiles ; dispose-toi à partir.

FRANTZ.

Il ne me faut qu'un instant.

MEINAU.

Je te suis : je vais écrire.

SCÈNE VII.

MEINAU seul.

Oui, je veux m'accoutumer à les voir. Ces êtres innocens ne doivent pas être abandonnés au hasard d'une éducation dangereuse. Ah! que plutôt ignorés auprès de leur malheureux père, un arc et des flèches soient leur amusement, et l'art de les manier toute leur science! Qu'ils n'apprennent, qu'ils ne sachent rien, ils n'en seront que moins malheureux. Je ne me trompe pas; on s'avance par la grande avenue.... Allons.... je vais expédier Frantz, et je reviens, pour la dernière fois, obéir à ce qu'ils ont nommé la bienséance, et me rendre aux vœux de l'amitié.   (*Il sort.*)

SCÈNE VIII.

LA COMTESSE, LE MAJOR.

LE MAJOR vivement.

Ma sœur, parle-moi donc, je t'en conjure. Tu as eu un entretien avec madame Miller?

LA COMTESSE.

Oui.

LE MAJOR.

Eh bien?

LA COMTESSE.

Je n'ai absolument rien à te dire, qui puisse te flatter de la moindre espérance.

LE MAJOR.

Est-elle mariée?

LA COMTESSE.

N'exige rien de moi.

LE MAJOR.

Ma personne et mes recherches lui seraient-elles désagréables?

9

LA COMTESSE.

Permets, mon frère, que je te reste redevable d'une réponse qui pourrait t'affliger.

SCÈNE IX.

Les mêmes, LE COMTE, EULALIE.

LE COMTE.

Malpeste! je fais aujourd'hui mes exercices! mais la compagnie de madame Miller ne permet guère de songer à la fatigue. Eh bien! beau-frère, eh bien! notre inconnu? Sa bizarrerie n'ôte rien au mérite de sa bienfaisance. Je me rends ici volontiers pour l'y recevoir; mais il ne convient pas qu'il nous tienne rigueur; il faut qu'il soit des nôtres : à la campagne on ne peut avoir trop de société.

LE MAJOR.

Je doute que celui-ci étende le cercle de la nôtre : il paraît disposé à s'éloigner demain.

LE COMTE.

C'est ce qu'il ne faut pas souffrir.

LE MAJOR.

Je vais vous le présenter; mais, croyez-moi, comte, ne heurtez pas ce caractère singulier par des instances importunes. Si quelque chose peut le séduire, c'est la franchise de votre accueil. (*Il sort.*)

SCÈNE X.

LE COMTE, LA COMTESSE, EULALIE.

LE COMTE.

Oh! ça, comtesse, il s'agit ici de nous seconder. Déployez toute votre adresse pour convertir un sauvage tel que celui qu'on nous annonce; c'est une cure digne de vous.

LA COMTESSE gaiement.

Vraiment, d'après tout ce que j'entends dire de lui, cette conquête en vaudrait bien la peine; mais qui oserait se flatter d'opérer, en un instant, ce dont les charmes de madame Miller n'ont pu venir à bout en quatre mois ?

EULALIE.

Mais, madame, l'étranger ne m'a donné aucune occasion d'essayer sur lui le pouvoir de ce que vous voulez bien appeler mes charmes ; car nous ne nous sommes pas entrevus une seule fois.

LE COMTE.

Oh ! vous êtes l'un et l'autre d'une singularité !... Mais le voici, sans doute, avec le major.

SCÈNE XI.

Les mêmes, LE MAJOR, MEINAU.

LE COMTE allant au-devant de MEINAU.

Soyez le bienvenu, brave et généreux étranger....

(MEINAU s'avance, s'incline vis-à-vis les dames ; EULALIE le regarde, pousse un cri, et tombe sans connaissance, dans les bras de la COMTESSE : MEINAU jette un regard sur elle ; il pousse un cri sourd : la surprise et l'effroi se peignent dans son maintien ; il s'enfuit brusquement.)

Pendant que le MAJOR, étourdi de l'événement, aide la COMTESSE à porter EULALIE dans le pavillon, le COMTE stupéfait regarde sortir MEINAU ; et ramenant ses regards sur l'autre groupe, il reste muet d'étonnement, et rentre, après eux, dans le pavillon.

FIN DU QUATRIÈME ACTE.

ACTE CINQUIÈME.

SCÈNE I.

LE COMTE, LE MAJOR. (Ils sortent du pavillon.)

LE COMTE.

Major! te demander ce que c'est que tout ceci ne me mènerait probablement à rien; ou tu ne le sais pas, et tu ne pourrais me l'apprendre; ou tu le sais, et ce secret n'étant pas le tien, tu ne pourrais me satisfaire?

LE MAJOR, de l'air d'un homme qui ne peut pas en dire davantage.

Cher frère, vous avez tout dit.

LE COMTE.

Je m'en doutais : au reste, la belle évanouie paraît revenir à elle. Son premier soin a été de demander à écrire; ma présence, la tienne semblaient l'importuner : nous sommes sortis; mais aux signes d'intelligence que j'ai surpris entre la comtesse et toi, vous en savez plus que vous ne voulez ou ne pouvez m'en dire.

LE MAJOR.

Ne nous enviez pas, mon frère, ce triste avantage.

LE COMTE.

Je me retire, persuadé que je vous suis au moins inutile. Je retourne au château; je vous y attends. Je te laisse, Major, cette aventure à terminer : fais tout pour nous amener, pour nous conserver ce singulier personnage; il m'inspire le plus vif intérêt. Il est impossible de s'y méprendre; cette madame Miller ne lui est ni inconnue, ni étrangère.... elle pourra nous aider à le retenir... Peut-être aussi par cet événement sommes-nous menacés de la perdre... et il pourrait y avoir à cela plus de bien que de mal : cette femme étonnante finirait, je crois, par devenir dangereuse, et pour moi qui ai une femme, et pour toi, beau-frère, qui n'en as point : tu m'entends. Adieu.

SCÈNE II.

LE MAJOR seul.

(Il reste un moment absorbé dans une profonde rêverie.

Trompeuse espérance ! vaine image du bonheur ! je te ten-
dais les bras, et tu t'es dissipée comme un nuage ! le mystère
est découvert. J'adorais la femme de mon ami... Eh bien ! il
ne me sera peut-être pas impossible de réunir deux âmes qui
furent dignes l'une de l'autre, et dont l'une n'a cessé de
l'être que par une fatalité du destin... Ah ! si je rends à mon
ami la félicité qui m'échappe, je n'aurai rien perdu.

SCÈNE III.

LE MAJOR, LA COMTESSE, EULALIE.

LA COMTESSE.

Vous nous avez quittées, mon frère ! où est mon époux ?

LE MAJOR.

Il respecte un mystère dont il est frappé; il s'est retiré
pour nous attendre.

EULALIE.

Ah ! madame ! puis-je me pardonner tout le trouble que je
vous cause.

LE MAJOR à EULALIE.

Les momens sont précieux, madame; il veut demain s'é-
loigner de nous : cherchons les moyens de vous rendre au
meilleur des hommes, au plus estimable des époux.

EULALIE troublée.

Qu'avez-vous dit?... Vous me connaissez, monsieur ?

LE MAJOR.

Meinau, madame, est mon ami dès mes plus jeunes ans;
nous avons ensemble couru la carrière de l'honneur. Depuis
sept ans, j'en étais séparé; l'ignorance où je me trouvais de
son sort était une des peines de ma vie : le hasard nous a
réunis... (*avec le ménagement de la délicatesse pour ne pas*

la faire rougir de ce qu'il sait son secret.) Son cœur s'est épanché dans le mien.

EULALIE les yeux baissés.

J'éprouve donc ce que c'est que de ne pouvoir supporter le regard d'un honnête homme ! Ah ! madame, daignez me cacher à moi-même ! (*La comtesse la reçoit sur son sein.*)

LE MAJOR.

Si les remords les plus vrais, si une suite de jours sans tache ne donnent pas des droits à la clémence des hommes, que pourrions-nous donc espérer de la clémence du ciel ? Femme infortunée ! votre vertu fut un instant assoupie, le vice tira parti contre elle de ce moment fatal ; mais, par un prompt réveil, la vertu reprit et affermit à jamais son empire dans votre âme. Ah ! vous avez assez expié votre erreur ! Je connais mon ami ; à la noble fermeté de son sexe, il unit la délicatesse du vôtre. Je cours à lui, je me fais votre défenseur, et je vais mettre à cette entreprise tout le feu de l'amitié. Trop heureux encore si je m'assure le souvenir d'un moment qui fera la consolation du reste de ma vie ! espérez tout. J'y vole. (*Il veut sortir.*)

EULALIE l'arrêtant.

Que voulez-vous faire, monsieur ? L'honneur de mon époux m'est sacré ; cet époux m'est cher plus que je ne puis l'exprimer ; mais fût-il assez généreux pour me pardonner.... jamais, jamais je ne redeviendrai l'épouse de votre ami.

LE MAJOR avec étonnement.

Parlez-vous sérieusement, madame ?

EULALIE.

Je ne suis point un être faible qui veut échapper au châtiment qu'il mérite. Que serait donc mon repentir, si j'en voulais retirer quelqu'autre avantage que celui de rendre moins déchirans les cris de ma conscience ?

LE MAJOR.

Mais si votre époux lui-même...

EULALIE.

Il ne le fera point ; il ne le peut pas.

LE MAJOR.

Mais il vous aime encore.

EULALIE.

Il ne doit plus m'aimer ; il doit défendre son cœur d'une faiblesse qui le déshonore.

LE MAJOR.

Femme inconcevable ! vous n'avez donc rien à permettre au zèle qui m'anime.

EULALIE.

Pardonnez-moi, monsieur le major ; j'ai deux prières à vous faire, et dont l'accomplissement est pour moi d'une extrême importance. Souvent lorsque, dans l'accablement affreux où me plongeaient mes chagrins et le souvenir de leur cause, je désespérais de toute consolation, il me semblait que je pourrais du moins éprouver un peu plus de tranquillité, si le sort favorisait le vœu que j'osais former de voir une seule fois encore mon époux, de faire à ses pieds l'aveu de mes torts... et de m'en séparer ensuite à jamais. C'est-là la première de mes supplications. Un entretien de quelques minutes.... s'il peut supporter ma vue sans répugnance ! Mais qu'il ne présume pas que je veuille tenter le moindre effort pour obtenir mon pardon ; qu'il soit convaincu que je ne veux pas rétablir mon honneur aux dépens du sien. (*Avec attendrissement.*) Le second de mes vœux est d'avoir des nouvelles de mes enfans.

LE MAJOR avec chaleur.

Si l'humanité, si l'amitié n'ont point perdu leurs droits sur le cœur de Meinau, il n'hésitera pas à consentir à vos demandes. Quittez l'une et l'autre, pour quelques instans, les environs de sa demeure, afin qu'il n'ait aucun prétexte pour se refuser à me voir ; mais ne vous éloignez pas. Je cours vous servir.

LA COMTESSE lui tendant la main avec l'expression de l'amitié.

Ah ! mon frère, vous m'êtes plus cher que jamais !

(EULALIE jette sur le MAJOR un regard qui exprime sa reconnaissance ; ensuite elle se précipite avec ardeur sur la main de la COMTESSE, qui la prend affectueusement dans ses bras, et sort avec elle par la coulisse en-deçà du pavillon.)

SCÈNE IV.

LE MAJOR seul.

Il n'est point sous le ciel un couple semblable ! ils ne doivent point être séparés ; il doit lui pardonner.... Lui pardonner... Lui pardonner!... Eh ! que répondre à mon ami lorsqu'il m'opposera ce point d'honneur, qui n'est pas toujours une chimère ? Quand il me demandera si je veux le rendre le jouet des sociétés ? que lui dire sans mentir à ma conscience ? Mais une femme comme Eulalie ne fait-elle pas une exception ?... mais une femme sans expérience, entraînée dans les pièges d'un séducteur, et dont le repentir a été si long, si vrai, si sévère ! Ah ! le monde ne reçoit point cette excuse... Le monde ! Eh bien ! mon ami doit le fuir, s'y dérober à jamais : Eulalie ne saura-t-elle pas l'en dédommager ! Elle règne encore dans son cœur, et c'est sur cette assurance que je fonde l'espoir du succès de mon entreprise.

SCÈNE V.

LE MAJOR, FRANTZ, EUGÈNE, AMÉLIE. (Ils entrent par la coulisse au-delà du pavillon.)

EUGÈNE.

Je suis un peu las.

AMÉLIE.

Et moi aussi.

EUGÈNE.

Avons-nous encore loin d'ici à la maison ?

FRANTZ.

Nous y sommes dans l'instant.

LE MAJOR rapidement, comme dans toute la scène.

Un moment... Arrête. Quels sont ces enfans ?

FRANTZ.

Ce sont ceux de mon maître.

AMÉLIE montrant le MAJOR.

Est-ce là papa ?

LE MAJOR à part.

Quel trait de lumière! (*à Frantz :*) Un mot, l'ami. Tu aimes ton maître, je le sais : il est survenu des choses étranges.

FRANTZ.

Et quoi donc?

LE MAJOR.

Ton maître a retrouvé son épouse.

FRANTZ.

Tout de bon? J'en suis ravi.

LE MAJOR.

C'est madame Miller.

FRANTZ.

Elle? sa femme?

LE MAJOR.

Mais il veut s'en séparer.

FRANTZ.

Se peut-il?

LE MAJOR.

C'est ce qu'il faut empêcher.

FRANTZ.

Oui, sans doute.

LE MAJOR.

L'aspect imprévu de ces enfans peut nous y servir.

FRANTZ.

Comment cela ?

LE MAJOR.

Conduis-les dans ce pavillon : tiens-les y cachés; avant qu'il soit un quart d'heure, je t'en dirai davantage.

FRANTZ.

Mais...

LE MAJOR.

Point de questions, je te prie, les momens sont précieux. (*Il les conduit très-vite dans le pavillon.*)

SCÈNE VI.

LE MAJOR, seul.

A merveille. Je me promets beaucoup de cet artifice excusable. Oui, l'innocent sourire des enfans trouvera le chemin de son cœur, si le doux regard de la mère ne peut y pénétrer.

SCÈNE VII.

LE MAJOR, MEINAU.

(MEINAU, en entrant, promène un regard de défiance sur les environs de sa demeure. Le MAJOR va à lui, et l'amène sur la scène, en le serrant dans ses bras.)

LE MAJOR.

Eh bien ! mon cher ami, te voilà moins malheureux.

MEINAU du ton le plus sombre.

Comment ?

LE MAJOR.

Tu l'as retrouvée.

MEINAU.

Montre de loin à celui qui a tout perdu, le trésor qu'un jour il posséda, et dis-lui qu'il est heureux.

LE MAJOR.

Pourquoi non, s'il dépend de lui de le posséder encore, et de se rendre aussi riche qu'auparavant.

MEINAU.

Je t'entends. Tu es un envoyé de ma femme. Il n'en sera rien.

LE MAJOR.

Apprends à la mieux connaître. Oui, je suis envoyé par elle ; mais ce n'est point avec le pouvoir de travailler à vous réunir. C'est-elle qui, t'aimant avec ardeur, ne pouvant être heureuse sans toi ; c'est elle qui se refuse à l'idée même de son pardon, parce que, (ce sont ses propres expressions) ton honneur ne peut s'accorder avec une telle faiblesse.

MEINAU avec amertume.

Bagatelles !... Se flatterait-on de me surprendre ?

LE MAJOR.

Charles! penses-y bien! Eulalie est une excellente femme.

MEINAU avec impatience.

Abrège, et sois vrai. Pourquoi es-tu ici?

LE MAJOR.

Pour plus d'une raison. D'abord, en mon nom, comme ton ami, ton frère d'armes, pour te conjurer de ne pas rejeter Eulalie; car (j'en jure par le ciel) tu ne trouveras jamais son égale.

MEINAU.

Épargne-toi une peine inutile.

LE MAJOR.

Conviens-en : elle t'est chère encore.

MEINAU.

Trop chère, hélas!

LE MAJOR.

De vrais, de longs remords ont expié sa faute. Qui t'empêche de redevenir aussi heureux que tu le fus autrefois?

MEINAU.

Toute femme qui fut capable de manquer à l'honneur, l'est aussi d'y manquer une seconde fois.

LE MAJOR.

Non pas Eulalie. Et si l'extrême jeunesse, époque de son fatal égarement, n'en est qu'une excuse insuffisante, songe, du moins, qu'il est effacé par trois années d'une conduite si irréprochable, que la calomnie la plus hardie ne saurait y trouver la moindre tache.

MEINAU.

Et quand je croirais tout cela (car je ne puis te cacher que j'aime à le croire), elle ne peut plus m'appartenir. Ai-je besoin de te rappeler l'impérieux préjugé qui élève à jamais une barrière entre elle et moi?

LE MAJOR.

Eh! que t'importe l'opinion des hommes? Celui qui, comme toi, a su, pendant trois années, se suffire à lui-même, peut, sans regret, se vouer à la solitude, dans la société de la plus tendre amie.

MEINAU.

J'entends; vous conjurez tous avec mon cœur contre ma

raison ; mais c'est en vain... Je t'en prie, ami, n'ajoute pas
un mot, ou je me retire.

LE MAJOR.

C'en est assez. J'ai rempli les devoirs de l'amitié. Il me
reste à m'acquitter du soin dont m'a chargé ton épouse. Elle
te demande un dernier entretien ; elle veut prendre congé de
toi. Pourrais-tu lui refuser cette consolation ?

MEINAU.

Je vous entends encore. Elle se flatte de l'idée que ma fermeté peut céder à sa vue, à ses larmes : elle se trompe...
Elle peut venir.

LE MAJOR.

Et te faire sentir combien tu as méconnu son caractère. Je
vais la chercher.

(MEINAU lui présentant un parchemin roulé et un écrin.

Un mot, ami, remets-lui ces objets, ils lui appartiennent.
Je voulais les lui faire tenir....

LE MAJOR.

C'est ce dont tu peux t'acquitter toi-même. (*Il sort.*)

SCÈNE VIII.

MEINAU seul.

Eh bien ! Meinau, le dernier moment heureux de ta vie
approche.... Tu la verras !.... celle à qui ton âme entière est
attachée ! Ah ! que ne m'est-il permis de voler au-devant
d'elle ! de la serrer contre ce cœur palpitant ! Que dis-je?
Est-ce là le langage d'un époux outragé ? Ah ! je le sens
que trop ? cette espèce d'honneur, ce fantôme de l'imagination, n'est que dans notre tête.... Il n'est point dans le
cœur.... Il n'importe : c'en est fait, mon sort est arrêté. Je
lui parlerai.... sans aigreur comme sans faiblesse; aucun re-
proche ne sortira de ma bouche... Son repentir est sincère...
Je veux que, du moins, son sort devienne supportable....
qu'elle ne soit point condamnée à servir pour assurer son
existence. Je veux qu'elle soit indépendante, et que même
sa fortune lui permette de satisfaire son penchant à la bienfaisance. Elle vient.... Orgueil, honneur offensé, réveillez-
vous, et protégez-moi !

SCÈNE IX.

MEINAU, EULALIE, LA COMTESSE, LE MAJOR.

EULALIE s'avançant avec lenteur, et d'un pas tremblant, à la COMTESSE, qui veut
la soutenir.

Ah ! madame ! ah ! généreuse comtesse ! laissez-moi. J'eus
assez de forces pour me rendre coupable, le ciel m'en prê-
tera pour exprimer mon repentir.

(LA COMTESSE et le MAJOR entrent dans le pavillon. EULALIE s'approche de MEINAU, qui,
en détournant la vue, attend, dans la plus grande émotion, le commencement de cet
entretien.)

EULALIE.

Monsieur le baron....

MEINAU, sans tourner la tête, l'interrompt du geste, et lui dit, d'une voix douce,
mais émue.

Que veux-tu de moi, Eulalie ?

EULALIE anéantie.

Non.... au nom du ciel !... non.... ce ton de bonté.... ah !
je ne m'y étais point préparée ; il déchire mon cœur...Non...
je vous en conjure, homme trop généreux, frappez d'un ton
dur et sévère l'oreille d'une coupable.

MEINAU cherchant à donner à sa voix plus de fermeté.

Eh bien ! madame....

EULALIE.

Ah ! si vous vouliez soulager mon cœur, si vous daigniez
vous abaisser à me faire des reproches !

MEINAU.

Des reproches ! ils s'expriment ici dans mes yeux éteints,
dans mes traits altérés. Si je n'ai pu vous épargner ces reproches muets, ma bouche du moins n'ajoutera pas à vos
peines.

EULALIE.

Si j'étais une criminelle endurcie, ce silence serait un
bienfait pour moi ; mais le vrai repentir est au fond de mon
âme, et ce silence magnanime m'accable et m'anéantit. Ah !
c'est donc à moi de déclarer....

MEINAU l'interrompant avec précipitation.

Point d'aveu, madame : je sais tout, et je vous dispense
de toute humiliation ; mais vous sentez vous-même qu'après

ce qui s'est passé, nous devons demeurer séparés à jamais.

EULALIE.

Je le sais. Aussi ne suis-je pas venue pour implorer ma grâce ; aussi n'ai-je pas conçu la moindre espérance de pardon. Il est des crimes qui déshonorent doublement, quand on se flatte qu'ils pourront s'effacer un jour. Mais tout ce que j'ose espérer, c'est d'entendre de votre bouche que vous ne maudirez point ma mémoire.

MEINAU attendri.

Non, Eulalie, non, je ne te maudis point. Ton amour a fait mon bonheur dans les plus beaux jours de ma vie... Non... jamais je ne maudirai ton souvenir.

EULALIE dans une extrême émotion.

Dans la conviction intime que je suis indigne de votre nom, depuis trois ans j'en porte un inconnu ; mais ce n'est point assez : vous devez avoir de ma main un acte de divorce qui vous autorise à prendre une épouse plus digne de vous. Je viens de tracer cet acte volontaire : le voici... Il renferme l'aveu de mon crime. (*Elle lui donne le papier.*)

MEINAU le prend, et le déchire.

Qu'il soit à jamais anéanti ! Non, Eulalie ; toi seule a régné dans mon cœur, et, je ne rougis point de l'avouer, toi seule y régneras toujours. Tes sentimens honnêtes te défendent de vouloir tirer parti de ma faiblesse ; et si tu le tentais, le ciel m'est témoin que cette faiblesse est subordonnée aux lois inflexibles de mon honneur : mais jamais une autre femme ne tiendra près de moi la place d'Eulalie.

EULALIE tremblante.

Il ne me reste donc plus, en prenant congé de vous...

MEINAU.

Un moment, Eulalie ! pendant quelques mois, nous nous sommes, sans le savoir, estimés, chéris. Vous avez une âme sensible aux besoins des malheureux... Il est juste que vous ne manquiez pas des moyens de satisfaire ce généreux penchant. Il est juste aussi que vous ne connaissiez pas le besoin pour vous-même. Cet écrit vous assure une rente honnête dont vous disposerez.

EULALIE.

Jamais, jamais : le travail de mes mains doit me nourrir.

Un pain trempé des larmes du repentir contribuera plus à mon repos, qu'une aisance dont je jouirais aux dépens de la fortune d'un homme que j'ai si honteusement trahi.

MEINAU.

Prenez, madame, prenez.

EULALIE.

J'ai mérité cette humiliation; mais c'est à votre magnanimité même que j'ai recours... Excusez-moi...

MEINAU à part.

Dieu! quelle femme ce malheureux m'a ravie! (*Il remet l'acte dans sa poche.*) (*Haut.*) Eh bien, madame... je respecte vos principes; je n'insiste plus; mais sous la condition que si vous venez à éprouver le besoin, je serai le premier... je serai le seul à qui vous vous adresserez avec franchise.

EULALIE.

Je le promets.

MEINAU.

J'ose demander encore que, du moins, vous repreniez ce qui est à vous. (*Il lui présente un écrin qui renferme des bijoux.*)

EULALIE le reçoit avec émotion, l'ouvre, considère un moment ce qu'il renferme et laisse couler quelques larmes.

Ah! tous ces objets me retracent des instans, où, digne de vous et de mon père, je fus à diverses époques, comblée de vos bontés et des siennes. Mettez le comble à votre généreuse pitié en reprenant cet écrin. (*Elle en tire une bague ou un autre bijou.*) J'accepte ceci. Je le reçus après avoir donné le jour à mon cher Eugène, je le conserverai. (*Elle rend l'écrin. Meinau le reçoit en détournant la vue, pour cacher une émotion égale à celle d'Eulalie.*)

MEINAU à lui-même.

Cette situation est trop violente : je ne puis plus la soutenir! (*Il se retourne vers Eulalie, et d'un ton qui peint le trouble qui l'agite, il lui dit :*) Eulalie... adieu.

EULALIE l'arrêtant par un geste timide.

Ah! un instant encore.... Daignez répondre à une question... tranquillisez le cœur d'une mère... Mes enfans vivent-ils encore?...

MEINAU.

Ils vivent.

EULALIE.

Leur santé?

MEINAU.

Est bonne.

EULALIE *levant les mains vers le ciel.*

Dieu! je t'en rends grâces... Mon Eugène... Votre Amélie?....

(MEINAU *violemment agité et combattu entre l'honneur et l'amour, demeure muet.* EULALIE *continue avec plus d'ardeur et de vivacité.*)

O le plus généreux des hommes! accordez-moi, je vous prie, de voir encore une fois mes enfans avant notre séparation, de les presser sur mon sein, d'admirer encore en eux les traits de leur respectable père. (*Silence d'un moment.*) Ah! si vous saviez combien dans le cours de ces trois terribles années, combien mon cœur a gémi! que de larmes coulaient de mes yeux dès qu'il s'offrait à moi quelques innocentes créatures de l'âge de mes enfans! Ah! permettez-moi de les voir une fois encore!... un seul embrassement maternel..... et je me sépare d'eux..... de vous..... et pour toujours.....

MEINAU.

Vous les verrez, Eulalie... ce soir même. Je les attends d'un moment à l'autre... Dès qu'ils arriveront, je les enverrai au château; vous pourrez, si vous voulez, les garder jusqu'au point du jour; mais qu'alors ils soient rendus à leur malheureux père. (*Silence d'un moment.*)

EULALIE.

Ainsi.... nous n'avons plus rien à nous dire pendant cette vie! (*Rassemblant toute sa résolution.*) Adieu le plus noble des hommes! (*Elle prend timidement sa main.*) Oubliez une infortunée.... qui ne vous oubliera jamais. (*Elle s'incline, et tout à coup se précipitant aux pieds de Meinau, elle dit:*) Ah! que je presse encore une fois de mes lèvres cette main qui fut à moi!

SCÈNE X et dernière.

LES PRÉCÉDENS, **LA COMTESSE, LE MAJOR.** (La COM-
TESSE tient le petit garçon, le MAJOR tient la petite fille;
ils descendent très-doucement, de sorte à ne pouvoir se
trouver près de MEINAU et d'EULALIE qu'à leur dernier
adieu).

MEINAU *se hâtant de la relever.*

Point d'abaissement, Eulalie! (*Lui serrant la main.*)
Adieu.

EULALIE *relevée, et la main dans celle de* MEINAU.

Pour toujours!

MEINAU.

Pour toujours!!!.....

EULALIE.

Nous nous quittons sans haine de votre part?

MEINAU.

Sans haine!

EULALIE.

Et lorsqu'enfin j'aurai assez expié mes fautes, nous nous
retrouverons dans un meilleur monde....

MEINAU.

Là ne règnent aucuns préjugés; là tu m'es à jamais ren-
due.

(Leurs mains sont entrelacées; ils arrêtent l'un sur l'autre un regard douloureux, et
d'une voix tremblante, ils se redisent:)

Adieu...

(Ils se séparent; mais, en se retournant, EULALIE trouve près d'elle la COMTESSE qui
élève l'enfant, et le présente à sa mère. EULALIE le prend dans ses bras, et le serre
contre son cœur. Le même jeu se fait, en même temps, de l'autre côté, par le MAJOR
qui présente la petite fille à MEINAU.)

MEINAU *s'arrache des bras de sa fille, et s'écrie, en se retournant:*

Mon Eulalie, embrasse ton époux.

(Ils se précipitent dans les bras l'un de l'autre; et, dans le même temps, les deux enfans
élevés à leur portée, par le MAJOR et la COMTESSE, s'attachent aux bras de leur père et
de leur mère.)

La toile tombe sur ce tableau.

FIN DU CINQUIÈME ET DERNIER ACTE.

II

Les Pièces suivantes, exactement CONFORMES A LA REPRÉSENTATION, se trouvent chez BARBA, Libraire, au Palais-Royal. Leur nombre augmentera de jour en jour, l'intention du Libraire étant de continuer ces Éditions, qui seront toujours faites avec le plus grand soin.

TRAGÉDIES.

Adélaïde Du Guesclin.
Agamemnon.
Alzire.
Andromaque.
Athalie.
Britannicus.
Cid (le).
Cinna.
Comte de Warwick (le).
Coriolan.
Gabrielle de Vergy.
Hector.
Horaces (les).
Iphigénie en Aulide.
Iphigénie en Tauride.

Mahomet.
Manlius Capitolinus.
Mariamne.
Nicomède.
OEdipe.
Othello.
Phèdre.
Polyeucte.
Rhadamiste et Zénobie.
Rodogune.
Sémiramis.
Spartacus.
Tancrède.
Venceslas.
Zaïre.

COMÉDIES.

Barbier de Séville (le).
Chevalier à la mode (le).
Crispin rival de son maître.
Dehors trompeurs (les).
École des Femmes (l').
Étourdis (les).
Fausses confidences (les).
Fausses infidélités (les).
Femme jalouse (la).
Femmes savantes (les).
Folies amoureuses (les).
Fourberies de Scapin (les).
Grondeur (le).
Habitant de la Guadeloupe (l').
Heureuse erreur (l').
Honnête criminel (l').

Jaloux sans amour (le).
Jeu de l'Amour et du Hasard (le).
Mariage de Figaro (le).
Mariage secret (le).
Méchant (le).
Mercure galant (le).
Métromanie (la).
Misanthrope (le).
Misanthropie et Repentir.
Plaideurs (les).
Projets de mariage (les).
Rivaux d'eux-mêmes (les).
Tartuffe (le).
Tartuffe de mœurs (le).
Trois Sultanes (les).

OPÉRAS-COMIQUES.

Deux Jaloux (les).
Diable à quatre (le).

Rêveries renouv. des Grecs (les).

D'autres sont sous presse.

www.ingramcontent.com/pod-product-compliance
Lightning Source LLC
LaVergne TN
LVHW050608090426
835512LV00008B/1392